保育・福祉を知る

●編集委員●民秋　言・小田　豊・栃尾　勲・無藤　隆・矢藤誠慈郎

新 保育
ライブラリ

保育者論 [第3版]

福元真由美・笠間浩幸・柏原栄子　編著

北大路書房

新版に向けて　編集委員のことば

　本シリーズは，平成29年3月に幼稚園教育要領，保育所保育指針，幼保連携型認定こども園教育・保育要領，さらに小学校学習指導要領が改訂（改定）されたことを受けて，その趣旨に合うように「新　保育ライブラリ」を書き改めたものです。また，それに伴い，幼稚園教諭，小学校教諭，保育士などの養成課程のカリキュラムも変更されているので，そのテキストとして使えるように各巻の趣旨を改めてあります。もっとも，かなり好評を得て，養成課程のテキストとして使用していただいているので，その講義などに役立っているところはできる限り保持しつつ，新たな時代の動きに合うようにしました。

　今，保育・幼児教育を囲む制度は大きく変わりつつあります。すでに子ども・子育て支援制度ができ，そこに一部の私立幼稚園を除き，すべての保育（幼児教育）施設が属するようになりました。保育料の無償化が始まり，子育て支援に役立てるだけではなく，いわば「無償教育」として幼児期の施設での教育（乳幼児期の専門的教育を「幼児教育」と呼ぶことが増えている）を位置づけ，小学校以上の教育の土台として重視するようになりました。それに伴い，要領・指針の改訂（改定）では基本的に幼稚園・保育所・幼保連携型認定こども園で共通の教育を行うこととされています。小学校との接続も強化され，しかし小学校教育の準備ではなく，幼児期に育んだ力を小学校教育に生かすという方向でカリキュラムを進めることとなっています。

　保育者の研修の拡充も進んでいます。より多くの保育者が外部での研修を受けられるようにし，さらにそれがそれぞれの保育者のキャリア形成に役立つようにするとともに，園の保育実践の改善へとつながるようにする努力と工夫が進められています。全国の自治体で幼児教育センターといったものを作って，現場の保育者の研修の支援をするやり方も増えています。まさに保育の専門家として保育者を位置づけるのみならず，常に学び，高度化していく存在として捉えるように変わってきたのです。

　そのスタートは当然ながら，養成課程にあります。大学・短大・専門学校での養成の工夫もそれぞれの教育だけではなく，組織的に進め，さらに全国団体

でもその工夫を広げていこうとしています。

　そうすると，そこで使われるテキストも指導のための工夫をすることや授業に使いやすくすること，できる限り最近の制度上，また実践上，さらに研究上の進展を反映させていかねばなりません。

　今回の本シリーズの改訂はそれをこそ目指しているのです。初歩的なところを確実に押さえながら，高度な知見へと発展させていくこと，また必ず実践現場で働くということを視野に置いてそこに案内していくことです。そして学生のみならず，現場の保育者などの研修にも使えるようにすることにも努力しています。養成課程でのテキストとして使いやすいという特徴を継承しながら，保育実践の高度化に見合う内容にするよう各巻の編集者・著者は工夫を凝らしました。

　本シリーズはそのニーズに応えるために企画され，改訂されています（新カリキュラムに対応させ，新たにシリーズに加えた巻もあります）。中心となる編集委員4名（民秋，小田，矢藤，無藤）が全体の構成や個別の巻の編集に責任を持っています。なお，今回より，矢藤誠慈郎教授（和洋女子大学）に参加していただいています。

　改めて本シリーズの特徴を述べると，次の通りです。第一に，実践と理論を結びつけていることです。実践事例を豊富に入れ込んでいます。同時に，理論的な意味づけを明確にするようにしました。第二に，養成校の授業で使いやすくしていることです。授業の補助として，必要な情報を確実に盛り込み，学生にとって学びやすい材料や説明としています。第三に，上記に説明したような国の方針や施策，また社会情勢の変化やさらに研究の新たな知見に対応させ，現場の保育に生かせるよう工夫してあります。

　実際にテキストとして授業で使い，また参考書として読まれることを願っています。ご感想・ご意見を頂戴し次の改訂に生かしていきたいと思います。

2019年12月　　編集委員を代表して　無藤　隆

はじめに

　「保育者論」という言葉の響きからは，たいへん固い，そして保育者とはこうあるべきといった一つの規範的なものを論じているかのような印象を受ける。編者自身がそう思うのであるから，きっと将来の保育者をめざしている若いみなさんもそんなふうに感じるのではないだろうか。

　たしかに，保育の専門職者として当然身につけるべき最低限の知識や技能がある。そして，それらをもってあるべき保育者像をつくりあげることはできるだろうし，必要なことかもしれない。

　しかし，保育というのは対象が生きた人間（おもには就学前の乳幼児であり，また近年はその親との関わりも大きなウェイトを占めるにいたる）であり，その成長や発達，それぞれが置かれている状況や環境はきわめて多様性に富んでいる。そのため何か一つの論をもって保育という仕事を画一的にとらえようとすることはたいへん困難であり，また危険ではないかとも考える。むしろ，強調すべきはその多様性を前提として，いろいろな課題に対して一人ひとりが柔軟に対応していく姿勢が必要ではないだろうか。

　もっとも，多様性と柔軟性を認めるということが，即「何でもあり」ということではないということも注意しておきたい。やはり私たち（編者）も理想とする保育への思いや願いはもっており，それはだれもが人間として豊かに，誠実に生きていくこと，生きていってもらうことである。ただ，その目標への道筋というのが，直線，曲線，行き止まり，迂回，ジグザグ等が組み合わされた，たいへん複雑な過程であるということを知っておきたいのである。その意味で，人間というのは単純なようでもあり，またかなり複雑でもある，おもしろい存在であるといえるだろう。

　このことを共通理解としたうえで，「さあ，それならその人間に自分はどう関わっていこうか」ということを考えていくのが，私たちの「保育者論」である。子どもたちの多様な育ちの姿，子育てを取り巻くさまざまな問題に目を向けながら，固定した一つの答えを提示するのではなく，広い視野からみなさんとともにいっしょに考えていくことにしたい。

ここで述べる保育者とは幼稚園で働く幼稚園教諭，あるいは保育所をはじめとする児童福祉施設で働く保育士，すなわち専門職として保育に携わっている者を示している。

　実は私たちも，日々それぞれの仕事のなかで，よりよい保育のあり方や学生指導について，あれやこれやと模索し，自問自答している。時には八方ふさがりのような状況のなかで深く悩んだりもするが，子どものちょっとしたしぐさや表情，親との会話，あるいは学生たちとのつきあいをとおして，「ああ，この仕事をしていてよかったな」と喜びを感じては，悩みを忘れている。

　近年の子どもの育ちや子育て環境には，いろいろな問題があり，そこに保育者として入っていくことはまたいろいろな点で厳しいものがあるだろう。2008年に改訂・改定された「幼稚園教育要領」および「保育所保育指針」は，ともに保育者としてのより深い専門性と，より大きな社会的役割を求めている。これらの課題に応えていくには日々のたゆまぬ努力と研鑽が必要であり，相当な心構えが問われるものである。しかし，子どもが日々成長し変化していくようすを見ることは何といっても楽しいことである。感激も大きい。そして，何よりもその過程に関わることができるというのは，実に誇りある仕事ではないだろうか。

　私たちは，みなさんが私たちとおなじ目標に向かって進もうとしていることを心から歓迎するものである。そしてまた心強さを感じるものである。

　キラキラと目を輝かせている子どもたちの未来もまた，キラキラと輝くものであるように，ともに力をあわせていこうではありませんか。

　応援しています。

2008年12月　　編　者

　本書は，2009年に発刊して以来，多くの方々にご高評をいただいた『保育者論』を，2011年施行の保育士養成カリキュラムに対応させ，このたびリニューアルしたものである。最新の知識・情報をご活用いただければ幸いである。

2011年1月　　編　者

　2011（平成23）年の保育士養成カリキュラムに対応した改版より3年を経て，このたび『保育者論［新版］』を発刊することになった。この間，内閣府は国民みんなで次世代の子どもたちや若者を育成・支援し，誰でもが暮らしやすい社会を創ることのできる平和な「共生社会」の実現をめざした政策を打ち出してきている。その中で2013（平成25）年4月には「共生社会」の理念をもった地域福祉の実現に向けて，これまでの法令を整備し，「障害者総合支援法」が施行された。また2015（平成27）年には，いわゆる「子ども・子育て関連3法」が施行され，「幼保一体型認定こども園」をはじめとする子ども・子育て新支援制度が実施される予定である。

　このような保育制度の転換期を迎えようとしている時代の中で，本書が生活や遊びの中で子どもの幸せを保障し，子どもの最善の利益を探究しようとしている学生や保育に関心をもたれる方々に，お役に立てれば幸いである。

2014年2月　　編　者

　乳幼児の保育にかかわる状況は，ここ数年間を見ても大きく変化している。たとえば2015年からの子ども・子育て支援制度により，幼保連携型認定こども園がスタートした。この園の職員は，保育教諭という保育士資格と幼稚園教諭免許状をもつ専門職である。2017年には新しい幼稚園教育要領，保育所保育指針，幼保連携型認定こども園教育・保育要領が告示された。注目されるのは「幼児期の終わりまでに育ってほしい姿」が示されたことで，これらを保育者がどのように配慮して子どもにかかわるかが現場の課題になっている。さらに2019年から幼児教育・保育の無償化がはじまり，保育のニーズが一層高まった。同時に子どもたちの受ける保育の質をいかによくして，一人一人の育ちを保障するかに社会的な関心が寄せられるようになった。

　このたびの『保育者論［第3版］』は，こうした近年の保育をめぐる状況にそくして内容を充実させている。何よりも，保育者を志すみなさんがどのような専門的知識を学び，それを支える豊かな人間性を培うために広く深いものの見方を養うかを考えて編集作業が行われた。本書が，保育を学び，保育者への理解を深めようとするみなさんの拠りどころになれば心から嬉しく思う。

2020年2月　　編　者

もくじ

章扉写真提供　酒井信孝

序　章
ある新人保育士からの手紙

　3月のある日，短大の卒業判定会議を終えて帰宅すると，郵便ポストに1通の封書が届いていた。名前を見ると，昨年悩んだ末やっと保育園に就職が決まった卒業生からだった。こんなに分厚い手紙……。きっと“辞めたい”という知らせだろうと覚悟しながら封を切った。ところが，なかから出てきたのは，丁寧な字体の心温まる便りであった。文体からは，子どもへのほとばしるような愛情，保育者としての喜び，保育の仕事への満足感・充実感がぐいぐいと伝わってきた。

　保育者が子どもたちの笑顔や純粋な心もちに支えられて，日々過ごすことができるように，私たち保育者（教員）養成に携わっている教員も，こうした学生や卒業生のメッセージに支えられて養成に携わることができるのである。この突然の便りは，私に保育の世界の喜び，子どもの世界の深淵さを再確認させてくれ，明日からの仕事への勇気を与えてくれた。

　　◇◇先生
　こんにちは。お元気ですか？
　ポカポカと暖かい日が続きますね。私は今年から花粉症になったみたいで，ズルズルと鼻水が止まりません。それでも子どもたちは外遊びが大好きで，近くの神社へ散歩に行ったり，庭で縄跳びやサッカーを楽しんでいます。
　今日は久々に休みがもらえて，家でのんびり過ごしました。TVを観ていると，大阪城の梅林をニュースでやっていました。そういえば，2年前の今頃，私は□□整肢学園（肢体不自由児施設）の子どもたちと一緒にあの梅林に散歩に行ったなと，懐かしく思い，お便りしました。
　○○保育園と出会い，いろいろ悩む事はありましたが，昨年の2月19日，初めて実習（研修）生として行ったあの日から，もう1年がたちました。今は新人さんが実習に来られています。こんな未熟な私が，先輩と呼ばれ，少し複雑です。
　あっ，先生，聞いて下さい!!
　私ね，4月から重度の自閉の男の子を担当していたんです。でも，なかなか成果は表れなくて，どこからどう手をつけていけばいいのかわからなくて，本当に戸惑うばかりだったんです。今は何冊目かな？　自閉症の本をいっぱい読んで，色々ためして，でも，からまわりして，困ってばかりでした。
　“5歳の誕生日までに，言葉が出ないと，きっと一生言語は無理でしょう”って，言われたこともありました。療育手帳の判定でも，A……最重度と言われ泣いたこともありました。だけど，3月15日の誕生日を目前にした今，彼はかけ足で，色々私にプレゼントをくれました。ニコニコ笑って，1日をすごしてくれる日が増え（パニックがなくなり），名前を呼ぶと振り返って手を挙げてくれ，しっかりと目が合うようになり，少し多動が減り，ピアノに合わせて“気をつけ”“礼”ができるようになり，喃語にも似た発声が出て，そして，私が両手を広げると走ってきてスキスキをしてくれるようになったんです。私にとって△△君は，かけがえのない，力の源です。△△君の笑顔は，私を笑顔にしてくれま

す。

　△△君に出逢わせてくれたこの○○保育園に，感謝しています。お給料が低いとか，休みがないとか，もう山ほど不満はありますけど，でもそれ以上に得るものってあるんですよね。保育士って，そういう仕事なんですね。なってよかったです。よかった。

　来年度もこのクラスがいいな。5歳児のクラスは，マーチングとか，とにかく何だかんだ行事が多くて大変です。でも，泣き虫や，のんびりやさんや，おせっかいやさんや，やんちゃ坊主や，もーメチャクチャ大変なクラスですけど，私はかわいくてしかたありません!!

　他人の子どもにこんなに愛を感じちゃうなんてビックリですね（笑）。

　でもこの1年間をふり返ってみると，自分自身，少しは成長できたかな？　と，ちょっとだけ思います。まだまだ怒られっぱなしですけど。

　先輩はいけず（いじわる）なんじゃなくて，教えて下さっているンですよね!!　絶対!!!

　"とりあえず1年頑張ろう"って卒業の時に言いましたよね。でも，先生，なかなか辞められませんよ。子どもってこんなにかわいいんですネ。この仕事ってしんどいし大変だけど，でも，かえってくるものの大きさって無限です。毎日毎日が，大切な時間で，辛さより，嬉しいとか楽しい方が大きくて，何か，いつも子どもに助けられます。ここへ来て本当によかったです。

　けど，今思うのは，"もっと学生の時にいっぱい勉強しとくんやったあ〜"って事ですね（笑）。もー今，本読みまくってますもん。あーあの講義寝るんじゃなかったー……（ごめんなさい先生方）。学生やり直したいです。もったいない，もったいない……。

　今，生活発表会（3月17日〈日〉）に向けて大忙しの毎日です。私のクラスは合奏と劇をします。劇は浦島太郎!!　かわいい＆おもしろいですヨ!!

　歌をいっぱい歌いながら，ダンスあり，笑いありのステージです。私は練習中もっと動きなさーいってよく怒られるけど，でも楽しいです。衣裳作りも楽しいです。あっ，今のクラスの壁面は浦島なんですけど，先週の土日，2日間まるごとかけて作ったんですよー!!

　先輩も"かわいいやん"ってほめてくれて，嬉しかった。

　私は製作の方がむいているのかなぁ……。

　とにかく，そういうわけでこれからももっと頑張りたいと思います。一度，短大に行きたいですね。気持ちが弱くなっている時，いつも思います。また年度がかわって少し休みがいただけたら，一度先生のお顔を見に行きたいです……。

　それまでまた先生に報告できるようなネタ作っときます。あと1ヶ月，この，さくら組と一緒に楽しい時間を過ごしたいと思います。

　それではこの辺りで……。気がつけば色々ダラダラ書いてしまいました。先生に聞いてほしい事がいっぱいあって。またお便りします。◇◇先生もお体お気をつけて。お元気でお過ごし下さい。

　それではさようなら!!

　　20●●年●月●日

　　　　　　　　　　　　　　幼児教育卒業生　　・・・・より

　"保育者として求められる資質とは"何だろうか。保育者は，一人ひとりの成長や発達をはぐくむために日々の指導計画を立案しなくてはならない。また目の前のクラスの子どもたちだけではなく，子どもを取り囲む家庭や地域の実情を把握していかなくてはならない。一方，保育者集団として職場での人間関係をも保っていかなくてはならない。保育士の仕事はいまや，ケアワーカーだけではなく，社会福祉でいわれているケースワーカーやグループワーカー，ソーシャルワーカー的な役割も求められてきている。もちろん，幼稚園教諭も幼稚園での保育だけではなく地域における幼児教育のセンターとしての役割を果たすことのできる資質が要求される。

　このように保育を取り巻く厳しい現状のなかで"就職してよかった"と言いきれる彼女は，保育者としての使命感をいだきながら，自分らしさを発揮して保育に取り組んでいるといってもよいだろう。彼女の便りをとおして，私たちは子どもの世界に導かれる保育へのロマンを感じとることができる。彼女には仕事としての不満は山ほどあるものの，子どもがかわいいと言えるひたむきさがある。障害児保育を行なう保育所で，新任の彼女も重度の自閉症児を受け持っている。たいへんな日々の交わりをとおして，成長していく姿を，まるで自分のことのように喜ぶことのできる純粋な気持ちがある。

　私たち執筆者は本書をとおして，彼女のように保育にロマンを求め，精一杯子どもと向かい合いながら，子どもとともに成長できる保育者のあり方を学生とともに学んでいきたいと願っている。

第**1**章
保育者として求められる資質とは

　「幼稚園や保育所の先生になりたい」——いま，この本を手にしているあなたが保育を学ぶ学生なら，多かれ少なかれ，そのような気持ちをいだいているはずだ。

　せっかくなるなら，よい保育者になるほうがいい。ではよい保育者として仕事をするためには，何を身につける必要があるのだろうか。

　保育の現場で実際に仕事をしている人たちも，日々の保育の実践のなかで，「よい保育者」像を探し続けている。

　しかし，これから保育の世界に足を踏み入れるあなたが「よい保育者」像に近づく方法は，夢を描くこと，想像力を働かせることしかない。

　いまはそれで十分だ。さあ，保育の仕事へのあこがれと，リアルな想像力を携えて，「よい保育者」になるヒントを探しに行ってみよう。キーワードは「つながり」と「自分の物語の創造」だ。

いま「保育者」をめざす人たちへ

1 ──「いま」と「未来」をつなぐ

充実した時間を過ごした子どもたちの笑顔は，成長の喜びに満ちている。そんな魅力的な笑顔に彩られた保育の世界へ，ようこそ！

魅力と味わいに満ちた保育の仕事について，この本で，いろいろな方向から学んでいただきたい。

まずは，保育の仕事とはどんなものなのか，ということから話を始めよう。

多くの人がいだいている保育者の仕事の典型的なイメージは，おそらく子どもと遊んでいる姿であろう。あるいは，子どもが危ないことをしたときに止めるとか，発表会のための遊戯の練習をするとか，さまざまな場面が思い浮かべられるかもしれない。そのとおり，保育者の子どもへのかかわりは実に幅広い。

だが，そのようにして，場面に応じて子どもにいろいろなかかわりをもつことは，保育者の仕事の表面に見えている部分にすぎない。実はその裏に，とてもたいせつなものがかくれている。そのたいせつなものとはどのようなものかを考えるために，一つの例をあげよう。映画やテレビドラマなどによく登場する救急病院で患者を治療する外科医を思い浮かべてみてほしい。

病院に，事故でけがをした人が運び込まれてくる。けが人の傷からはかなり出血している。骨折もある。医師は，当然，出血を止める処置をし，折れた骨を固定する。だが，そのとき医師は，「おや，ここの血管から血が出ているから止めなくちゃ」とか「あ，ここの骨が折れているからくっつけよう」といって，いきあたりばったりに治療をしているわけではない。それらの治療はすべて，一つの目標のために行なわれている。その目標とは「患者が命をとりとめて元気になる」ということだ。

保育者も，子どもに誘われていっしょに鬼ごっこをするとか，けんかをしている子どもたちの仲裁に入るとか，そのときそのときに応じていろいろなことをする。子どもたちを前にして，その場の一瞬での判断を求められる。これは患者を治療しているときの外科医と同じである。そして，その判断とかかわりの裏には，やはり一つの大きな目標がかくれている。それは「子どもたちがこ

んなふうに育ってくれるといいな」という，子どもの成長への願いである。あるいは，子どもの未来への見通し，理想といってもよい。幼稚園や保育所にある保育目標も，そういう願いや理想の一つである。しかしそのように正式に文字で書かれたものでなくても，一人ひとりの保育者の心のなかに，自分が理想とする子どもたちの「未来」のイメージが必ずあるはずだ。

　保育とは，「いま」に生きている子どもたちをその「未来」へとつないでいく営みなのである。だから，自分の思い描く子どもたちの「未来」はどのようなものか，しっかり意識する必要がある。そして，一つひとつの子どもたちへのかかわりが，その「未来」へとつながるものになっているかどうかをふり返ってみる必要がある。

　たとえば，ある若い保育者は，子どもたちがけんかをしている場面を見かけると，必ず止めに入っていた。両方の言い分を聞き，非のあるほうに謝らせる。「これからはけんかをしないでなかよく遊びましょうね」と声をかけて，これにて一件落着。それがこの人のやり方だった。

　この保育者が子どものけんかの仲裁に入るとき，漠然と心に思い描いていた理想は，たぶん「けんかをしないでなかよく遊べる子どもに」ということだ。自分ではそのことに気づいていなかったとしても，そんな「未来」のイメージをもっていたからこそ，こんなふうにけんかの仲裁をするのだろう。

　だが，「いま」そんなふうにけんかの仲裁をすることと，子どもたちがけんかをしないでなかよく遊ぶ「未来」は，ちゃんとつながっているだろうか。

　この保育者のやり方では，子どもたちは意見がぶつかったときにけんか以外のどんな解決方法があるかを学ぶことはできない。当然，けんかはまた起きるだろう。そして，けんかが起きたときには，自分たちでおさめようとはせずに，いつも保育者の仲裁を頼りにするようになるかもしれない。これでは，保育者がいくら毎回けんかの仲裁をしたとしても，子どもたちはけんかをしなくなったりはしないだろう。この場合，保育者の行動（「いま」）と理想（「未来」）は全然つながっていないわけだ。

　保育者は「未来」と「いま」の「つながり」に無意識ではいられない。あなたは子どもたちの「未来」をどのように思い描いているだろうか。そのために「いま」，どんなメッセージを子どもたちに伝えられるだろうか。

2──「いま」を知る

　「いま」と「未来」のつながりを感じとるためには，「いま」がどうなっているのかを知っていたほうがよい。

　たとえば，最近「心のケア」という言葉をよく見聞きする。「カウンセラー」が主人公のドラマや映画なども話題を集めている。若い人の「なりたい職業」では，「心理カウンセラー」「保育士」「幼稚園教諭」「小学校教諭」など，人とかかわることそのものを仕事とするような職業が上位の常連である。

　これは，人々が人と人の「つながり」を求めていることを示している。人間は人との「つながり」のなかで生まれ，成長し，生きていくのだから，人との「つながり」が見えると安心するし，見えなくなると自分の存在がなくなってしまうような不安を感じる。これは人間として当然の心の動きだ。

　見えなくなると不安になる「つながり」は，人と人の「つながり」ばかりではない。

　アメリカ映画「アイ・アム・サム」（2001年）に，知的障害をもつ主人公サムが仕事先のコーヒーショップで混乱してパニックになる場面がある。次々と起きるハプニングに圧倒されてしまったサムの視線を追うかのように，サムの周囲のようすが次から次へとこま切れに映される画面が続く。何がどうなっているのかわからない。どうしていいのかわからない。そのような「つながり」の切れた世界の不安が，「つながり」の切れた映像で表現されている。

　現代の日本には，そのような，「つながり」を失ってバラバラになってしまった情報が，できごとが，人が，あふれている。テレビ番組の内容には関係なくいきなり割り込んでくるコマーシャル。どんな場合に使うものなのかは考えずに用語をひたすら暗記する試験勉強。子どもたちのふだんの生活とは関係のない活動をいきなり始めて突然終わる実習生の設定保育。子育てで心配に感じていることを相談する相手がいない若い母親……。

　こんなに「つながり」が見えにくくなっているいまの時代に生まれ育った人たちは，「つながり」を見つけだしたり，新しく築いたりする経験が，どうしても不足しがちになるようだ。経験が足りないから，どうしていいかわからない。わからないから不安になる。あるいは「つながり」を探すのをあきらめて

しまう。

　しかし，子どもたちの「いま」と「未来」の「つながり」をつくるのが，保育者の仕事であり，また「つながり」の見つけ方や築き方を子どもたちに伝えるのも，保育者の仕事だ。いろいろな人たちと「つながり」をもちながら子育てをすすめていくのが，保育者の仕事なのである。

　つまり，だれかが「つながり」をつくって安心させてくれるのを待つ受け身の姿勢では，保育者の役割は果たせない。自分からさまざまな「つながり」を求める経験がたいせつになってくるだろう。

3——そして「未来」へ

　こま切れのことがらが多いなかで，「つながり」を追求するのはとてもむずかしい。そして，いくら「つながり」を意識して「いま」を工夫しても，めざした「未来」は簡単には実現しないだろう。人との「つながり」を深めていけば，ただ癒されるだけではないしんどさもある。

　でも，だからといって，ひとりぼっちで保育はできない。「つながり」を広げることも，よりよい「未来」を考えることも，そのために「いま」の工夫をすることも，子どもたち，同僚たち，親たち，先生たちの助けを借りながらでかまわないのだ。何よりもまず，まわりの人々と協力できる「つながり」を結ぶことが，すべての出発点になるだろう。

　いま，保育者をめざす人たちの多くは，ベテランの保育者や親たちよりも，保育を受ける子どもたちと年代が近い。その一方，大人としてそれなりの知識や判断能力をもっていて，他の大人と協力し合うこともできる。つまり，子どもの世界を理解したうえで，大人としての知恵を子どもたちに伝えることができる，そういう素質をもっているのだ。

　いまはまだ，保育の世界に足を踏み入れたばかりで心細いかもしれない。だが，勇気をだそう。そして，「つながり」のなかで成長する保育者をぜひめざしてほしい。

2節 保育への「ロマン」を志向できる人として

1—子どもに共感できる「能力」

子どもの手を引いて歩いていると，前方に水たまりを発見。「あー，やるな」と思った次の瞬間，「期待」にたがわず子どもの足は水たまりのなかへ。しかも，わざわざ，水をはね飛ばすように，足先，足うら全体に必要以上の力を入れて歩いている。

「どうしてそんなことをするの」というのが一般的な大人の反応であろう。そして次からは子どもの手を強く引いて，水たまりを大きく迂回するルートをとる。

一方，近所の公園で子どもたちが保育者に連れられて歩いている光景をよく目にする。途中で立ち止まったり，ぶつかったり，うしろを向いて話したり。また，道ばたに何かを見つけてはみんながそのまわりに集まったり。そんなとき，保育者もいっしょになって「すごいねー，おもしろいこと見つけたねー」と子どもたちに声をかけている姿は何ともほほえましいものである。子どもの何気ない行動や言葉のなかに，いろいろな意味を見つけだして共感できる保育者というのは，子どもにとって何よりうれしい存在であろう。

実は子どもというものは，ふつうの大人にはなかなかわからない子どもの目線で，たくさんの意外なことを発見し，それを子どもなりに「科学して」いるのではないだろうか。水たまりに入っていく子どもたちも，きっと自分の足でふつうの道路とは違う水の感覚を楽しみ，力の入れ具合によって変わる足先の波のゆくえをとらえようとしていたのかもしれない。

しかし，子どもたちの発見や科学は「ほら，早くしなさい」「何をそんなつまらないことしているの」とせかされ否定されてしまうことも少なくない。もちろん，大人には大人の生活があり，急ぎの用などしかたがない場合もある。だが，そうでないにもかかわらず，子どもが何をしようとしているのかをまったくかえりみようとしない大人たちの存在は，子どもにとって不幸なことである。

当然，保育者としては子どもに共感できる人がふさわしい。では，この共感

できる人とできない人とは，いったい何がどう違うのであろうか。まずは感性・感受性にかかわる問題，つまりものを感じとる力である。もう一つは自分自身がいろいろなものへ興味をもち，そのいろいろなものから学ぶことができる好奇心。そしてこれらのことを土台にして多様な思考をめぐらすことのできる想像力。さらに，これらが総合された「豊かな人間性」とでも表現できるものかもしれない。では，このような感覚，能力というものは，どうすれば身についていくのだろうか。

　ある人は，それは生まれつきの能力だという。しかし，それでは，保育者に向く向かないは生まれたときにすでに決まってしまうということになるが，そうだろうか。そこでまたある人は，日常的に意識し，心がけ，努力することによってこういった力は初めて豊かになるとも述べている。もしそうだとするならば，どのような意識や努力というものがこの能力につながっていくのだろうか。

２——共感できる能力を豊かにするために

(1) 経験をとおして見え，広がる世界

　この数年，担当している授業のなかで，綿花の栽培に取り組んでいる。学生たちには綿の種を与えるだけで，あとは自分たちで調べ考えて栽培することを課題としてきた。すべてが準備されている栽培セットなどとは違って，学生はいろいろなことを自分で考え取り組まなければならなかった。最初はわからないことだらけで戸惑いも大きかったが，この経験はいろいろなことを学生たちに感じさせたようである。その感想を見ておこう。

　　綿花を育てるにあたって，インターネットで調べてみると，"寒い地域ではなかなか育たない"とのこと……。どの程度生長するか不安だった。今回育て方を調べていると，いままで植物を育てるときには意識していなかったが，土に酸性やアルカリ性があるということを知った。
　　窓辺に置いていたが，日光が弱く，温度もいまいち低かったので，茎が細くすぐ倒れてしまいそうなようすだったが，鉢を大きくして栄養剤をあげると少し丈夫になったような気がする。
　　今回の栽培を通して，ビニール袋をかぶせることで温室のような効果になるという発見もあった。また，水加減や日あたりに気を配り，葉が1枚増えると嬉しくなったり，育てる喜びがあった。

　1つの種を植えることで，さまざまなことを学び，考えながら育てることができた。このまま栽培を続けて，実をつけるようにがんばりたい。(E. K.　女子)

　今回の綿花栽培は，自分のなかでいろいろな感情の変化に気づかされるものとなった。まず，自分で何かを作る（今回は育てる）ことでそのものに愛着が湧いてくるということに気づいた。砂団子作りのときもそうであったが，何もないところから，自分で物を作っていくと，自分でも気づかないうちに，その物に対して感情がこもり，たいせつにしていく。これは，子どもも大人も共通のことなんだなぁと感じた。だから，子どもと接するときも，よく「子どもの気持ちになって考える」と言うが，これは簡単なことではなく，今回のように，実際に体験してみて気づくことがほとんどであると思うし，理論だけでは接していけないということがわかった。(H. T.　男子)

　綿を種から育てるという，ただそれだけの課題であるにもかかわらず，学生たちにとっては非日常の貴重な体験となったようだ。そこから，植物とは何か，栽培とは何かを考え，また，そこにある苦労やたいへんさというものに気づき，さらには綿への愛着や栽培の喜びを感じ，子ども理解のむずかしさにまで思いをはせている。筆者としては彼女，彼らの豊かな感受性の表現をうれしく受けとめ，「実際に体験してみて気づく」世界の広がりをできるだけ豊かにしていくことのたいせつさをあらためて感じるものであった。

　もっとも，ただ何かを体験しさえすればそれでよいというのではない。そこでは主体的なかかわり，つまり，その対象となるものをじっくり見る，疑問をもってかかわる，そして対象へのよりしっかりとした知識をもつということが必要となる。さらにはまた，その問題解決のための具体的な技術・技能も要求されることになる。植物栽培に限らず，まずはいろいろな体験を積極的に行なっていくということが何より重要ではないだろうか。

(2)　自明と思われるもの（こと）をとらえ直す

　体験とならんでもう一つ，今度は問題への関心のもち方ということを考えてみたい。

　みなさんは，「砂場」という遊具をよく知っているだろう。子どもは砂あそびが大好きだし，子どものころは「砂場」がお気に入りの場所だったという人も結構多いのではないだろうか。

　では，保育施設には当然つきものの「砂場」という遊具は，いったいいつから幼稚園や保育所においてあたりまえの遊具として存在するようになったのだ

ろう。この事実は意外に知られていない。

　日本の場合，小学校の授業のような保育が行なわれていた明治なかごろまでの幼稚園には，「砂場」は存在していなかった。ところが，子どもの自発的なあそびの重要性や，主体的な活動を保障する保育の役割が強調されるようになった明治期後半から大正期にかけて，「砂場」は一気に全国の幼稚園に普及した。このことは何を物語るものであろう。

　また，アメリカで最初の「砂場」は1885年，ボストンに設置されたが，それはスラム街に住む子どもたちのために造られたものであった。それまでけんかや盗み，ものをこわすなど暴力的だった子どもたちは，この「砂場」にやって来て一日中楽しく遊んだ。そして夕方にはニコニコと満足げな表情で家に帰っていった。それを見た大人たちは，あそび（場）のもつ重要性を確信し，やがてボストン市中いたるところに「砂場」を中心としたあそび場をつくり普及させた。そしてその動きは，ニューヨーク，シカゴ，フィラデルフィア……へと広まり，全米プレイグラウンド設置運動へと発展していったのである。

　このように，一つのあたりまえ（自明）と思われる「もの」や「こと」のなかにも，それがあたりまえになるまでの過程にはさまざまな葛藤やドラマがある。「砂場」のようなふつうのあそび場でさえ，そのあそび場自体どんな意味をもつのか，そもそも子どもにとってあそびとは何かといったことがいろいろと論じられ，試され，そしてようやく受け入れられていったという歴史があったのだ。

　いま，私たちは，結果として到達したあたりまえのうえにどっかりと腰をおろしている。しかし，それに安住している限り，なかなかものごとの本質は見えてこない。ちょっと立ち止まって，このあたりまえの陰にひそむ意味をもう一度ふり返ってみようではないか。すると，かつては何が問題だったのか，そしてその問題はどのように解決の試みが図られてきたのかを知ることができ，さらにはこれからの自分自身の課題解決のためのいろいろな示唆を得ることができるだろう。

　身近なあたりまえはほかにもたくさんある。たとえば，どうして日本ではピアノが保育において大きなウェイトを占めているのか（ヨーロッパではもはやそれほどでもない）。どうして運動会はあるのか。連絡帳というのはいつから

どうして始まったのか。「母子手帳」というのがあるなら「父子手帳」というのはあるのか，また外国ではどうか。男児に青いシール，女児にピンクのシールを配りたくなるのはどうしてか。どうしてうちの園では○○を子どもたちにさせているのか，など。そして，そもそも子どもを産み，育てるという私事に属する営みが，なぜ，集団で育てるという社会的営み（保育）に変わったのか，人間の歴史のなかでそれはどんな意味をもっているのか，といった小さな課題から大きな課題までさまざまである。好奇心のアンテナを張り巡らすこと。そこから新たな保育のためのいろいろなヒントをぜひ自分の目で見つけていってほしい。

(3)「もし自分なら」の想像力を

ユニセフの活動を伝える手紙のなかに次のような一節がある。

> 紛争にまきこまれ爆弾や銃弾，地雷で手足を失い，命までも奪われる子どもたち。また貧困のなかでなすすべもなく，ほとんど誰にも気づかれないまま栄養不良や感染症，不衛生な飲み水などが原因で死んでいく子どもの数は1日に30,500人にものぼります。

これを読んで，私たちはどれほどのことをイメージすることができるだろうか。戦争の恐怖。あるいは，食べ物も飲み水もなく，自分で自分の体を動かすことさえできず，静かに死を迎えるしかない子どもたち。飽食，ものがあふれている日本ではせいぜい「ああ，自分は日本に生まれてよかった」というのが精一杯の感想かもしれない。

保育における「想像」を考えるとき，子どもたちの想像力の発達との関連で，保育者としても空想や物語，ファンタジーの世界を豊かにもつことの重要性が強調される。それはまったくそのとおりであり，付け加えることは何もない。ただ，一つ少し違った観点で「想像」をとらえてみると，いま，目の前には見えないが，実際，ほかでたしかに起こっている事実やできごとに対して思いをめぐらせていくという想像力もまた重要ではないだろうか。それは人の痛みや状況を思い，その原因や背景に注意を向け，自分の立場ではいったい何ができるのかを考えていくという，「空想」とは反対向きの現実的かつ積極的な思考である。これもまた人間だからこそできる尊い想像の営みではないだろうか。

人間関係がうまくつくれずについ手が出ては怒られてばかりいる子ども。い

つも遅れて，頭を下げながら子どもを迎えに入ってくる親。子どもをたたくことをやめられず自分でもどうしようもなくなっている母親。保育の世界では，もしそれが自分ならばという視点から，相手を思いやっていく想像力がきわめて重要である。

> あなたの知らないところに
> いろいろな人生がある
> あなたの人生が
> かけがえのないように
> あなたの知らない人生も
> また，かけがえがない
> 人を愛すると言うことは
> 知らない人生を知るということだ　　　（灰谷健次郎　1981　『だれもしらない』より）

　自然や美しいもの，人間が生み出してきたさまざまな文化にふれ，人と交わり，喜びや楽しみ，悲しみを共有し，日常的に小さな努力を積み重ねていくこと。このような経験を通じて，狭い自分だけの世界から開放され，自分は人間としてどのように生きるのかを問い続けることのできる，豊かな人間性が形成されるのではないだろうか。子どもたちはそんな保育者を待っている。

 研究課題

1．あなたの未来の「保育者像」を思い描き，そのために「いま」をどう過ごしていくかについて話し合ってみよう。
2．ここで紹介した映画を視聴して，お互いに感想を述べ合ってみよう。
3．あたりまえに行なわれている保育の行事や催しについて，「いつから」「なぜ」行なわれてきたか，といった疑問を出し，話し合ってみよう。

推薦図書

●『大人問題』　五味太郎　講談社
●『センス・オブ・ワンダー』　レイチェル・カーソン／上遠恵子（訳）　佑学社

📺 推薦映画・ビデオ

●『アイ・アム・サム』　Jessie Nelson (dir.)　2001　I am Sam　ジェシー・ネルソン（監督）　ビデオ：松竹

これからの保育者に伝えたいこと　Ⅰ
鈴木喜三夫（演出家）

　これからの教育現場に立つ人たちは，可能な限り「演劇」を学ぶ必要がある
と思います。ただ残念ながら，現在の日本では教員養成校は「演劇」を正課と
していません。ほとんどの卒業生が演劇をきちんと学ぶことなく，劇あそびや
劇づくりを子どもたちに教えているのが現状です。

　だからといって何もしないわけにはいかず，心ある人たちがさまざまな形で
「演劇」に取り組んでいます。演出家の私も，北海道の教育大学や保育専門学
校などで「演劇」や「表現」を教えてきました。

　初めは，なかなかのらない若者たちが，演劇の楽しさがわかると，生き生き
と積極的に参加し，短時間なのにすばらしい創造の世界を体験してくれます。
ですから基本的な勉強によって，きっと新しい道が開けると確信しました。そ
して何としても，日本の保育者や教員養成校に，「演劇」を必須の授業として
位置づける努力をしなくてはなりません。

　そんな講座の最終回に，私は若い人たちに必ず問いかけることがあります。
それは彼らだけでなく，私自身にも問うことでした。

　「この一年，あなたたちは，いや自分にも問うのですが，何冊の本を読みまし
　た？　私は演劇の専門家ですからたくさんの本を読まなくてはなりません。あな
　たたちはどうでしょう？

　　『芝居は何本，観た？』　私は少なくとも50本ぐらいは観てるかな。

　　『音楽会には何回，行ったんだろう？』　私は10回は行っています。

　　『美術展へは何回，出かけた？』　今年は少なく3回しか行っていない。

　もし，あなたたちのなかで本は1冊も読まず，芝居も観ず，音楽会も美術展もゼロ
　だという人がいたら，その人は『教員（保育者）になる資格はない！』と思います。

　　子どもに文化的な人間になってもらいたい私たち自身が，文化的でなくて何が教
　えられるというのか！　ゼロの人は，教員（保育者）になることを辞めるべきだ！」

　もちろん数だけの問題ではないでしょう。しかし，そのような努力や姿勢な
くして，教えることはできないことだと思います。

　最近，お互いの交流ができない，集団で生活することが下手な子どもがふえ
たといわれます。それだけに人間どうしの交流や，集団で創造する「演劇」の
重要性が，今後とくに注目されるのではないでしょうか。

　私は「演劇」を学ぶなかで，自分がいつも問われていると痛感します。

第**❷**章
保育という仕事

　ロマンに満ちた保育の仕事も，子どもを取り巻く環境の変化にともなって，その内容は大きく変わりつつある。幼稚園や保育所，認定こども園に通ってくる子どもたちだけを対象とした保育の時代とは違って，いまや地域や社会からの「子育て支援」の要望に応えることも保育者の大きな役割として求められてきている。つまり「多様な保育ニーズ」に対応できる専門性豊かな資質の高い保育者でなければならないということである。

　少子化，情報化を迎えた現代，今日の子どもが置かれている状況を把握しながら，幼稚園や保育所が取り組むべき課題について考えてみよう。そして地域や社会が求める保育ニーズにはどのようなものがあるのか，また専門職として働く幼稚園教諭と保育士のあり方についても，多角的な視点をもって考察してみよう。

1節. 今日の子どもが育つ環境と保育

1——子どもを取り巻く環境

2016（平成28）年「幼稚園，小学校，中学校，高等学校及び特別支援学校の学習指導要領等の改善及び必要な方策等について（答申）」では，今の子どもたちが「学ぶことの楽しさや意義が実感できているかどうか，自分の判断や行動がよりよい社会づくりにつながるという意識を持てているかどうかという点」において，肯定的な回答が相対的に見て低いという国際比較調査の結果を危惧している。実は2007（平成19）年の中央教育審議会答申「次代を担う自立した青少年の育成に向けて」においても，すでに「意欲を持てない青少年」が指摘され，かつての子どもたちの姿と比べて現代の子どもたちが学ぶ意欲に欠けているととらえられていた。これはいったいどういった原因によるものなのだろうか。

国際比較のデータによれば，日本において学習意欲や就労・勤労意欲の低い青少年が増えつつあるのではないかという懸念が生じている。たとえば，2012（平成24）年にNHK放送文化研究所が行なった「中学生・高校生の生活と意識調査」からは，中学生や高校生がその親の世代に比べて，よりいまを楽しく生きることに価値をおいていることがわかる。「しっかりと計画をたてて豊かな生活を送りたい」といった未来志向の回答よりも，「その日その日を自由に楽しく」「身近な人々となごやかな毎日」といった「今を楽しく過ごしたい」という気持ちが強いようだ。これは現在の日本という国が，ここ50年ほどでずいぶん裕福になったということを示しているのかもしれない。子どもたちは，常に努力をし続けなくてもそれなりの生活を送れるようになった。その結果，努力をしても報われるかどうかわからないのならば，努力をせずにそれなりの生活を得るほうがよいという気持ちが表われてきているようである。こういう状況は一見幸福に見えて，実は子どもたちの教育環境という側面からは実に乏しい環境しかないと考えることもできる。経済の発展と同時に，子どもたちの勉学や就労に対する意欲が低下してきているというのは実に皮肉なものである。

　イランの映画に「運動靴と赤い金魚」という作品がある。妹の靴をなくしてしまった兄が，彼女のために運動靴を得ようとマラソン大会に参加し，3等の賞品である靴をめざして必死に走るという感動的なストーリーであるが，ここで一つ興味深いことは，この兄妹が実によく家の手伝いをしているということである。兄妹の父親は収入が少なく，しかも母親は病弱の身。2人はそんな家庭の状況をよく知ってか，親の言いつけを守り，買い物や洗濯などの手伝いをよくしながら勉強にも励む姿が描かれている。

　この映画から，かつての日本にも同様の姿があったことを思い出される。しかし，いまの日本では「お手伝い」が家庭のなかでそれほどウェイトを占めておらず，それよりも子どもは「勉強」さえしてくれればいいという親の思いが強いのではないだろうか。生活の変化とともに，子育ての価値観の変化ということもここに見ることができるだろう。

　さきに示した2007年の答申では，日本の親が他国と比べてそれほど勉強ばかりに価値をおいているわけではないという結果も示されている。この結果をどうとらえたらよいだろうか。実際に表われる数字以上に，親の勉強や進学に対する期待は大きいという意見もある。また，親はそう思っていなくとも，社会全体が暗黙のうちに示す価値といったものが学力や学歴を中心にしたものになっているのではないかと考えることもできるだろう。いずれにしろ，かつての日本が子育てのなかで重視してきた「お手伝い」や「あいさつ」「基本的生活習慣」といったものが，現在はずいぶんと影を潜めてきたということに変わりはない。

　深谷（1996）は，「子どもそのものは，現代も昔とそれほど変わりはない」としたうえで，「子どもを取り巻く環境は大いに変わった」として4つの観点から要約している。

　まず1つには，「少子化傾向の深まり」があげられ，そのことにより子どもが大事に育てられることに拍車がかかり，子どもを過保護にしてしまっているという。2つめには「情報化の進展」がある。これは3つの側面からとらえられているが，いずれも功罪どちらの影響も考えられる。つまり，「知的世界の広がり―実在感の喪失」「ネットワークの拡大―自己の世界への埋没」「自発性―受動性」というようにである。そして今日の青少年の問題のほとんどは，

この「罪」の部分による影響として見ることができるのではないだろうか。3つめが，「高学歴化への傾斜」である。これも多様な様相を見せているが，幼年期においても「早期教育」といった形で確実にその影響は広まっている。そして最後の4つめに「産業社会の成熟」があげられている。経済的に豊かな時代となり，「子どもたちが不足感をもたなくなった」という。自分自身で何かを得ようとする努力は必要なくなり，与えられたお金で何でも購入できてしまう。これ自体，大量生産・消費社会という時代を支える行為であるが，結果として金銭感覚の麻痺やお金やモノを第一とする風潮を生み出している。携帯電話を頻繁に新機種へと交換する，あるいはブランド品を血眼になって追い求めるなどという姿は，産業社会が成熟しきった陰の部分と見ることはできないであろうか。

　このような環境のなかに置かれている子どもたちが，将来大人になったとき，自分たちの子どもへ何を伝えていくことになるのだろうか。また，将来保育者になる人たちがこのようななかで生活をしてきたとすると，どのような保育が行なわれていくのだろう。このような現状に，甘んじていてよいのかと疑問に思うのは，筆者だけであろうか。

2──少子化のなかの子ども

　先ほどの深谷（1996）でも第一に取り上げていた少子化傾向は，現在も合計特殊出生率で見る限り，低い数値で推移している。今後もこの少子化は子どもの成長や子育て，そして保育という課題に強い影響を与えるであろう。そこで，このことをもう少し詳しく見ておきたい。

　少子化による影響としてまず第一に，子どもの育ち，とくに社会性への影響が考えられる。少子化は，まず一家族あたりの子ども数の減少ということがあり，これは兄弟姉妹の少なさということになる。また，隣近所に同じ年ごろの子どもが少ない，あるいはほとんどいないということにもなる。

　子どもは子どもどうし群れて育つ存在である。兄弟や友だちがいればいっしょに遊ぶ。それは，必ずしもいつもよい関係というのではなく，たとえばおもちゃの取り合いでけんかが生じたりもする。しかし，そのけんかというのは，人間どうしで引き起こされた葛藤であり，実は子どもたちはそんなけんかを

くり返しながら，葛藤を解決するためのいろいろな方策を学んでいる。そんな人間どうしの関係を，最も身近である家庭や隣近所で経験することを，少子化は困難にさせているのである。

　第二には，少子化によって子育てを実際に見たり経験したりする場が少なくなったことがあげられる。家族のなかで，自分の下に赤ちゃんなどがいれば，親がこまごまとした乳児の世話をするようすを具体的に見ることができるのであるが，その機会はほとんどない。かつては保育者を志望する理由として，小さな弟妹の面倒をみた思い出をあげていた学生も，近ごろは少なくなってきている。少子化の進行のなかでは，モデルとなるような子育てのようすを見ることができず，また自分も小さい子どもといっしょに遊ぶなどの体験がなく，子どもというのがどのようなものなのかがよくわからないまま大きくなってしまうのである。

　そして第三に，上で述べたような実際の経験のない人が，今度は親になっているのである。当然のことながら，「親」になるということは，子どもができたから「親」になれるというような単純なものではない。たしかに子どもの親ではあるが，親らしい親かどうかは別の問題であり，そしてその親らしい親とはそもそもどんな「親」なのか，ということがたいへんわかりにくくなっているのである。深谷のいう子どもへの過保護，過干渉といった問題もあれば，育児不安や虐待，育児放棄といったさまざまな問題も生じている。

　なだいなだ（1993）は親について次のように書いている。

　　親になるということは，子どもが生まれることで，受け身的に親にされることではなく，積極的に学習して，親の役割を知ることだ。人間の場合，それは，親のイメージを持つことである。そして，自分が親になったとき，自分の持っている親のイメージにあわせて行動する。なにしろ，親となるのは，未知の経験だからだ。

　子どもが群れて遊んで生活する場，親が他の親のようすを知り，また親になるためのサポートを得ることができる場，このような役割を果たすことができる場所として，保育の場はますますその重要性が高まるのである。

3 ── 人とのかかわりと保育

　今日，人と人とを結ぶコミュニケーション・ツールとして，携帯電話，パソ

コン等の普及には目をみはるものがある。少し前にFAXが電話に代わり，いまではインターネットを用いてのメッセージ交換がさかんに行なわれている。これまでになかった新しいコミュニケーションの誕生である。インターネットをとおしての出会い系サイトや通信販売，またそれらにともなう数々の事件も発生している。

　このようなコミュニケーション・ツールが出てきたことで，人と人とのコミュニケーションのありようにも変化が生じてきている。携帯電話の場合，すでに入力された電話番号に電話をかけると，受け手はその電話の持ち主であり，直接話をしたい相手につながる。だから，いちいち電話をかけるほうも名乗らなくてもすむし，また相手がだれであるかを確認しなくてもすぐに本題へ入ることができる。従来の電話のマナーとは大きく異なってきているのである。だからこれだけ携帯電話が普及してきても，年配の方々に「いまの若者は電話のかけ方も知らない」と指摘されても，それは当然のことなのである。

　このようにわずらわしい人間関係を避ける傾向は，コミニュケーション・ツールの普及によるところもあるが，この時代に生活をしている私たち一人ひとりの心のなかに潜んでいるのも事実である。現代社会は，コミュニケーションに限らず，何事においても機械化，簡略化が進み，人の力を用いなくてもできるようになってきている。製造業などはその最たるものである。現在は家までもが，工場で大量生産される時代である。現場では部屋ごとに作られたパーツを組み立てるだけなのだから，昔ながらの大工さんが自分の力を発揮して，基礎の土台から作り上げていくことも少なくなってきている。しかし，機械化することが不可能であり，むずかしい人間関係をうまくチームワークを取りながら進めていかなければならない仕事がある。その一つが保育や教育という営みである。人を保護する，育てる，教えるということは，いくらコンピュータやAI（Artificial Intelligence: 人工知能）が発達しようとも，機械が取って代わることのできない，まさに人とのふれ合いによって成り立つ行為である。人間を対象とする営みは，その状況や相手の気持ちを考えて行動しなくてはならない。コンピュータやAIが最も苦手とする「状況的に動く」（黒崎，1998）ということが求められる行為である。私たち大人は，みずからの経験してきたことを背景に，目の前にいる子どもにとって何がよいのかを考えながら，その状況

に応じた判断を行ない，情報を提供しようとしている。親であれば自分の子ども
もに，教師であれば生徒たちに，保育者であれば園児たちに，状況判断しなが
ら指導・援助を行なっているのである。しかし子どもたちの生きる時代は未来
である。これから訪れる時代が，いまの時代と同じ価値観であるはずがない。
だからこそ，未来に生きる子どもたち自身がその状況に置かれたときに，自分
の考えで判断し行動できるような人に育ってほしいと願うのである。いまの時
代の担い手の大人から教えられていることだけを記憶し，理解することが重要
なのではなく，それをきっかけにして，自分の力で考えることができ，さらに
発展させていくことのできる創造的（想像的）な力が子どもたちに求められる
のである。だからこそ，保育者にも，未来に生きる子どもたちと同様に，人と
のかかわりをとおして，「状況的に動く」ことのできる資質をはぐくんでいっ
てほしいのである。

 さまざまな保育という仕事

1——多様な保育ニーズ

　今日の社会を見ると，少子化，情報化，人間関係の希薄化等，人々が子ども
を育て，あるいは，子どもがみずから育つ環境として，必ずしも好ましくない
状況が強まっているように思われる。そして，保護者の労働実態についても，
必ずしも就業時間は短くならず，むしろ労働密度は上がっているように見え，
子育て家庭が自助努力で子どもを育てることにはおのずと限界が見えている。
　一方，いわゆる第一次産業従事者は減少し，第三次産業，サービス業従事者
が増加するなかで，人々の就労形態には多様化が見られるようになった。夜間
の仕事に従事する者，変則的な勤務時間で働く者など，人々の生活リズムはさ
まざまになった。
　このような状況のなかで，人々のライフスタイルは多様化し，昔ならば当然
と考えられたはずの生き方が，必ずしもそうではなくなった。結婚するか否か，
常勤の正規採用者として働くか否か，子どもをもつか否か，そして，子育て中
の就労はどのようにするか，働く場合いつ職場に復帰するか等々，さまざまな

選択肢が社会的に認められてきた。

　つまり，子育て家庭を取り巻く社会状況は，子育ての責任を家庭に閉じこめることに限界をきたし，人々が選ぶライフスタイルのうえからも，多様な保育形態の必要性がもたらされた。子どもを保育施設に預ける時間の長さ，時間帯，曜日など，保護者の立場からさまざまなニーズが生まれ，強まっているのである。

　たとえば，いわゆる 3 歳児神話の影響もあって，以前ならば，子どもが幼いうちは母親が子育てに専念すべきとの考えが強かったが，いまでは，子どもが 0 ～ 1 歳，あるいは産休明けで職場に復帰するケースも，必ずしも例外でなくなってきた。すなわち，低年齢児保育のニーズが高まったということである。

　職場まで 1 ～ 2 時間かかる長距離通勤がめずらしくなくなり，そして，勤務時間終了後も仕事が終わらず，あるいは職場の雰囲気から一人帰宅することがむずかしい状況のなかで，通常の保育時間を超えた，延長保育の常態化も見られる。

　この点，幼稚園児の保護者であっても，パート労働その他の都合で，保育時間の延長を求める声があり，正規の教育時間以後の，幼稚園教育要領（2017〔平成29〕年 3 月31日告示）にいうところの「教育課程に係る教育時間の終了後等に希望する者を対象に行う教育活動」，つまり「預かり保育」が一般化しつつある。

　医師や看護師等昼夜を問わぬ勤務態勢が求められる専門職，あるいは，接客サービス業従事者などからは，さらに進んで夜間保育や24時間保育のニーズも生まれる。また，飲食業や小売業従事者が多ければ，必ずしも土曜日曜が休みとは限らず，したがって，休日保育のニーズも出てくる。そして，子どもが病気でも仕事を休めない労働実態からは，病児保育のニーズが生まれることとなる。

　不定期の就労に加え，冠婚葬祭や急な用事，ボランティアその他保護者自身の自己実現のための活動など，時には専業主婦のいる家庭でも，一時的に子どもを人に頼みたい場合がある。そのようなニーズに応えるのが，一時預かり事業である。その他にも，障害児が健常児とふれ合い生活をともにするなかでよりよい発達を遂げることを期待する意味から，障害児保育のニーズもある。

　以前ならば，緊急の場合，子どもの世話をだれかに頼める状況もある程度あったかもしれない。地域社会が生きていれば，数時間や 1 日くらい知り合いや隣人に頼むこともできたであろう。筆者自身も，いまから40年ほど前，隣人

の2歳になる男児を時どき預かっていたことを懐かしく思い出す。

　しかし，人々の流動，すなわち転勤族がふえ，知り合いもいない初めての土地で，帰宅の遅い夫のほか話す人もいない孤独な状況のなかで，ひとり母親がアパートの一室に閉じこもるようにして乳児の世話をするという，いわゆる「密室育児」が取りざたされる現状では，それももはや期待できない。

　ところで，関連する問題点として，核家族化の進行も指摘されるが，これには少々注意が必要である。なぜならば，親族世帯のうち，35年で核家族世帯の割合は，一般世帯で60.3％（1980年）から55.8％（2015年）と，それほど下がっていないからである。ちなみに，割合を増したのは単独世帯で，同じ時期に19.8％から34.5％に増加している（国立社会保障・人口問題研究所，2019）。きょうだい数が多かった時代は，一般に長男以外は核家族を形成したわけであり，考えてみればあたりまえのことである。要するに，昔から家族形態の中心は核家族だったのである。しかし，かつては核家族どうしがゆるやかに結びついて，子育ても協力する状況があったのに，現在では互いに干渉を嫌って交流する機会を失ったことに問題があるわけである。この点を念のため付言しておきたい。

　さて，話をもとにもどすが，現状では，このようなさまざまな保育ニーズは，必ずしも十分に満たされてはいない。たとえば，保育所入所を待つ待機児童は，2019年4月1日現在1万6,772人である。他に空きがあっても特定の保育所を希望する者や自治体施策による認可外保育施設利用者等を含めれば，その数ははるかに上回る。2017（平成29）年6月には「子育て安心プラン」（厚生労働省）が発表され，保育の受け皿の拡大が必要とされている。

　2015（平成27）年から施行された子ども・子育て支援新制度では，多様な保育の確保を図り待機児童の解消に努めようとしてきた。また子どもの数が減少している地方においては，その地域に応じた保育機能を確保しようとしている。とくに国は子ども・子育て支援法に基づいて「認定こども園」，私学助成金による経費で運営する幼稚園を除く幼稚園，保育所に対して施設型給付費を支給し，財政処置の一本化を図っている。さらに地域子ども・子育て支援事業として，地域子育て支援拠点事業，延長保育事業，病児・病後児保育事業等の事業に対しては地域型保育給付費を支給して，その事業の活性化を促している。

一方幼稚園における預かり保育はかなり一般化し，実施率は，85.2％（2016年
6月1日現在）である。

　なお，行政サイドの取り組みについては，「エンゼルプラン」「緊急保育対
策等5か年事業」（1995〜99〔平成7〜11〕年）以後，「新エンゼルプラン」
（2000〜04〔平成12〜16〕年），さらに「子ども・子育て応援プラン」（2005〜
09〔平成17〜21〕年）に引き継がれ，また，1995（平成7）年以降「児童育
成計画」（地方版エンゼルプラン）の作成が進められた。このような保育施策
の変遷を経て，さきに記したように2015（平成27）年から子ども・子育て支
援制度が，「幼保連携型認定こども園」を中心として動き始めている。

2——幼稚園，保育所，その他の児童福祉施設

　就学前の子ども（0〜5歳児人口）の保育状況を見ると，就学前児童数は
2017年（10月1日現在）は約601万人であったが，幼稚園利用が約121万人
（2018年5月1日現在），保育所利用が約222万人（2018年3月1日現在），幼
保連携型認定こども園が約60万人（2018年5月1日現在）である。幼保連携
型認定こども園への移行もあって，保育所の利用率も減少しているが，やはり
保育を必要とする子どもの多くが保育所で過ごしている。

　ところで，幼稚園は，学校教育法第1条に規定される学校であり，文部科学
省の管轄であるのに対し，保育所は，児童福祉法第7条が規定する児童福祉施
設であり，厚生労働省の管轄である。したがって目的規定もおのおの定められ，
そこで働く保育者は，幼稚園では教諭，保育所では保育士と名称が異なっている。

　幼稚園教諭になるためには，教員養成系大学において「教育職員免許法」に
より規定された単位を修得しなければならない。一般的には，教員養成系の短
期大学では2種が，四年制大学では1種が，大学院では専修免許が取得できる。
幼稚園教諭は，短期大学卒業生が多くを占めるが，四大出身者も増えつつある。

　一方，保育士は，2001（平成13）年11月の「児童福祉法の一部改正」によ
り保育士資格の法定化が図られ，国家資格となった。保育士は，指定保育士養
成校の卒業，あるいは保育士試験の合格，どちらかで資格取得が可能であるが，
いずれにしても保育士資格を取得した者は，2003（平成15）年4月より，各
都道府県知事への登録が義務づけられた。法令上保育士は，「登録を受け，保

育士の名称を用いて，専門的知識及び技術をもつて，児童の保育及び児童の保護者に対する保育に関する指導を行うことを業とする者」（児童福祉法第18条の４）と定義づけられた。そして，「成年被後見人又は被保佐人」や禁錮以上の刑に処せられて２年を経過しない者等は保育士になれないこと（欠格事由，第18条の５），信用を傷つける行為をしてはならないこと（信用失墜行為の禁止，第18条の21），業務に関して知り得た人の秘密を漏らしてはならないこと（秘密保持義務，第18条の22）などが規定されている。

　また2002（平成14）年度より，「児童福祉施設における福祉サービスの第三者評価事業」が保育所へも導入され，保育士，保育所の資質向上が，名実ともに要求されてきている。

　幼稚園と保育所は，制度に違いはあるが，機能には共通するところが大きい。それらがだれのものかといえば，当然のことながら，まず第一にそこで遊び生活する子どものものでありたいと思う。その点，両施設には子どもの発達を保障する機能が求められるわけである。

　次に，保育所は言うまでもなく，幼稚園においても近年預かり保育がさかんに行なわれていることから，保護者の就労を支える機能もあることがわかる。そして，幼稚園教育要領（2017〔平成29〕年３月）に「地域における幼児期の教育のセンター」，要領と同時に改正された保育所保育指針に「地域に開かれた子育て支援」とあるとおり，両施設には在園児に限らず，地域の子育てを支援する機能があるわけである。

　ところで，２節の１では，多様な保育ニーズが幼稚園や保育所で必ずしも満たされていない現状を述べた。ここでは，それを補う意味でいわゆる認可外保育施設の存在が大きいことを指摘したいと思う。

　勤務時間帯と保育時間が合わない，申請しても入所できなかった，利用できる認可保育所が遠かったなどの理由で，認可保育所に入れなかった子どもがどこへ行くかといえば，まず考えられるのが認可外保育施設（無認可保育所）である。それは，開所時間が長く，低年齢児も預かり，場所が便利であるなど，保護者の就労支援の機能を比較的によく果たしているとも見られる。

　1980年代初頭，劣悪な認可外保育施設が大きな社会問題となったことがある。いわゆるベビーホテル問題である。子どもにテレビばかり見せているなど，

表 2-1 保育所・幼稚園・認定こども園の制度および現状の比較（2019年度 4 月現在）

事項	保育所（保育園）	幼稚園	認定こども園（幼保連携型*1，幼稚園型，保育所型，地方裁量型）
資格・免許	保育士	幼稚園教諭 2 種免許状 幼稚園教諭 1 種免許状 幼稚園教諭専修免許状	保育教諭（幼稚園教諭免許状と保育士資格の両方併有が原則）*2
所管	厚生労働省	文部科学省	内閣府*3・厚生労働省・文部科学省
	公立保……市町村 私立保……市町村 （都道府県知事）	公立幼……教育委員会 私立幼……都道府県知事	
根拠法令	児童福祉法　第39条	学校教育法　第22条	就学前の子どもに関する教育，保育等の総合的な提供の促進に関する法律（認定こども園法）第 2 条 児童福祉法第39条の 2
目的	保育所は，保育を必要とする乳児・幼児を日々保護者の下から通わせて保育を行う （児童も可）	義務教育及びその後の教育の基礎を培うものとして，幼児を保育し，幼児の健やかな成長のために適当な環境を与えて，その心身の発達を助長すること	認定こども園法第 2 条 7 では「この法律において幼保連携型認定こども園とは，義務教育及びその後の教育の基礎を培うものとしての満三歳以上の子どもに対する教育並びに保育を必要とする子どもに対する保育を一体的に行い，これらの子どもの健やかな成長が図られるよう適当な環境を与えて，その心身の発達を助長するとともに，保護者に対する子育ての支援を行うことを目的として，この法律の定めるところにより設置される施設をいう」と明記されている。また児童福祉法第39条の 2 では「幼保連携型認定こども園は，義務教育及びその後の教育の基礎を培うものとしての満三歳以上の幼児に対する教育（教育基本法（平成18年法律第120号）第 6 条第 1 項に規定する法律に定める学校において行われる教育をいう）及び保育を必要とする乳児・幼児に対する保育を一体的に行い，これらの乳児又は幼児の健やかな成長が図られるよう適当な環境を与えて，その心身の発達を助長することを目的とする施設とする」と記され，さらに「幼保連携型認定こど

			も園に関しては，この法律に定めるもののほか，認定こども園法の定めるところによる」と追記されている。
教育及び保育の基準	保育所保育指針	幼稚園教育要領	幼保連携型認定こども園教育・保育要領
対象児	乳児（1歳未満児） 幼児（1歳から小学校就学始期まで）	満3歳から小学校就学の始期に達するまでの幼児	0歳児から就学前までの乳幼児
	乳児クラス（未満児クラス）……0・1・2歳児クラス 幼児クラス……3・4・5歳児クラス	3歳児……年少児 4歳児……年中児 5歳児……年長児	満3歳以上の幼児の教育を必要とする者（1号認定） 保育を必要とする幼児（2号認定） 保育を必要とする乳児（3号認定）
設置・運営の基準	児童福祉施設の設備および運営に関する基準	学校教育法施行規則 幼稚園設置基準	就学前の子どもに関する教育，保育等の総合的な提供の推進に関する法律第3条第2項及び第4項の規定に基づき内閣総理大臣，文部科学大臣及び厚生労働大臣が定める施設及び運営に関する基準※4
入所の基準	市町村が保育を必要とすると判断（措置→契約）	保護者の希望	保護者の希望により1号認定，2号認定，3号認定を選択
施設型給付費（＝公定価格※5）	子ども・子育て支援法第27条による施設型給付費 （教育・保育認定を受けた子どもがその教育・保育を受けた時，市町村がその費用について保護者に対して支給する給付金である）		
幼児教育・保育の無償化	3歳から5歳まで 住民税非課税世帯の0歳から2歳まで	3歳から5歳まで （月額上限2.57万円） 預かり保育 （最大月額1.13万円）	3歳から5歳まで 住民税非課税世帯の0歳から2歳
入所の時期	保育を必要とする場合	学年のはじめ4月に入園	学年のはじめ4月に入園 保育を必要とする場合
保育・教育時間	原則として8時間 就労時間により決定 ・延長保育（11時間以上） ・夜間保育	4時間を標準とする ・預かり保育	1号認定は4時間を標準，2・3号認定は8時間を原則とする。「保育教諭の資格要件等について緩和する特例の延長」として平成27年4月1日から5年間にわたり，下記の特例を認めていたが，さらに令和6年末まで延長されることとなった。 ・延長保育

※1　学校及び児童福祉施設。平成27年4月施行。

※2　⑴幼稚園教諭免許状又は保育士資格のいずれかの保有のみであっても，保育教諭等となることができる。⑵免許・資格の併有促進のために，経過措置期間中に，保育所または幼稚園における勤務体験を評価することにより，もう一方の免許・資格取得に必要な単位数等を軽減する。

※3　子ども・子育て支援法及び認定こども園法を所管し，幼保連携型こども園の強化・推進のための統括室を設ける（厚生労働省・文科学省の職員も併任）。

※4　都道府県の区域内に所在する幼保連携型認定こども園については，当該指定都市が設備・運営の基準についての条例を定めなければならない。

※5　教育・保育・地域型保育に通常要する費用の額を内閣府が勘案して内閣総理大臣が定める基準より算出した費用の額。

注）保育士の国家資格としての要件：指定保育士養成施設を卒業するか保育士試験に合格することで資格が得られ，保育士登録簿に登録を受けて保育士となる。禁固以上の刑に処せられて執行を終わり2年以上経過しないなどの欠格事由にあてはまると保育士になることはできない。虚偽や不正の事実があった場合は，登録が取り消される。保育士の信用を傷つけてはならず，業務に関して知り得た秘密は，保育士でなくなったあとも漏らしてはならない。また，保育士でない者は，まぎらわしい名称も用いることができない（児童福祉法第18条の4から第18条の23）。

保育らしい保育が行われず，まるで子どもを物扱いしているようす，あるいは，施設そのものが倉庫のようであるといった施設面での問題，さらには死亡事故が相次いでいることが，テレビや新聞などのマスコミによって報道された。このような状況は，その後，行政による指導監督基準が設けられるなど，相当に改善されている。

　一方，今日でも，認可外保育施設での死亡事故の割合は高い。2017（平成29）年の事故報告集計（内閣府子ども・子育て本部，2018）によれば，8件のうち4件を占めており，施設数が認可保育所の半分以下であるのに比して，重大事故のリスクが大きいことがわかる。しかし，認可外施設は，もともと3歳未満児が多く，睡眠時の突然死といった不幸な事故が発生しやすい場であるといえるかもしれない。2012〜2017年の睡眠中の死亡事故のうちうつぶせ寝は，認可保育所6件，認可外施設23件とされる。十分な注意が必要である。

　東京都では，2001（平成13）年8月以降「認証保育所」が各地に開設されており，574か所に達している（2019月10月1日現在）。これは都独自の基準で公認された保育施設であり，認可保育所の設置基準を一部緩和するかわり，0歳児保育や13時間開所を条件としたものである。

　待機児童対策として効果があったとしても，その他の認可外施設と認可保育所とあわせて，保育施設には3つの水準が設定されたわけで，子どもの発達保障を不公平なくとの理想からいえば，疑問が残ることとなる。しかし，認可の

有無を問わず，保育士の仕事にはこれまで述べてきた3つの機能（子どもの発達保障，保護者の就労支援，地域の子育て支援）にかかわる課題があるわけで，それらを果たすべき社会的責任があることは，あらためて断るまでもあるまい。

　さらに，2006（平成18）年10月には「認定こども園」がスタートした。これは，幼稚園と保育所が持つ機能に注目し，一方がもう一方の機能を付加することによって認められるという施設である。前年度35か所のモデル事業を経て，2006年6月の「就学前の子どもに関する教育・保育の総合的な提供の推進に関する法律」（就学前保育等推進法）によって法的に位置づけられた。2015（平成27）年には「認定こども園法」（正式名称：就学前の子どもに関する教育，保育等の総合的な提供の推進に関する法律）が一部改正となり，新たに単一の施設として認可，指導監督を一本化した「幼保連携型認定こども園」が示された。2018年4月1日現在，認定こども園（幼保連携型・幼稚園型・保育所型・地方裁量型）の総数は，6,160園である。

　ところで，本節においては十分な説明ができなかったが，保育士の仕事は，保育所に限定されるものではなく，乳児院や児童養護施設等さらに広い範囲を補うものである。

節．子育てのコーディネーターとしての保育者

1──保護者との信頼関係

　以前，保育所の保育者による園児虐待の実態を暴いた本（中村，1991）が出され，話題となったことがある。子どもが保育者から給食にゴミを入れられたり，他児が残したスープを出されたり，厳寒の洗い場で昼寝をさせられていたという公立保育所での事件で，にわかに信じがたい話が連ねてある。その後も認可無認可を問わず幼稚園や保育所で虐待を受けたという体験談の出版があったが，これらは論外であり例外であると信じたいものの，同時に，子どもと保育者，そして保護者と保育者との関係が，もはやその間に信頼関係など構築しようもないくらいこじれてしまうこともあることがわかる。

　ある保育所の3歳児クラスに，たいへんのんびりしたタイプの女児がいた。

担任の新任男性保育者は，連絡帳を毎日書いて保護者とのコミュニケーションをとっていた。保育者は行事等に追われ，ともかく忙しいなか，深く考えずに，この女児の連絡帳に「動作が鈍い」と書いてしまった。結果，保育者は保護者の怒りをかい，両者の関係は悪化して，結局，保護者の意思で子どもは退園するにいたったという。

　また，これはある幼稚園でのことだが，たいへん教育熱心な母親がいて，彼女は特別に連絡ノートを用意して，担任との間でやりとりを始めた。ある日，その娘が子どもどうしのけんかで引っ掻き傷をもらったのだが，翌日のノートには「ここは動物園だっけ？　幼稚園だよね」と記されていたとのことであった。その後，この母親は，それまでなかよく見えたけんか相手の子どもの母親とはいっさい口をきかなくなり，保育者も驚いたそうである。この母親は「英会話やコンピュータは午前中に教えてほしい。○曜日と○曜日は塾があるから，幼稚園は早退させる」などと幼稚園側に求めており，保育者としてはやりにくさを感じているようすであった。

　保育の専門家としての保育者の立場からは，首を傾げたくなるものであっても，保育者が保護者の希望を大上段から切り捨てることはむずかしいことがある。保育者は子どもからは先生と呼ばれるが，保護者にとっては子どもと同じ意味での先生ではない。もちろん，子育てに悩む保護者からの疑問に答えアドバイスをすることはあるし，より積極的に言わなければならないときもある。しかし，保護者にもその人なりの価値観があると考えねばならない。

　未熟な親に子育てについて何かを教え諭すというより，ともに子育てという一つの目的に向かうパートナーとして，子どもの成長発達にかかわる喜びを共有したい。とくに保護者が就労している場合は，ともに職業をもつものどうしとしての共感をいだくところから，若い保育者はスタートするのが望ましい。

2——保育者へ期待されること

　家庭や地域社会の教育力が低下したと言われて久しい。それは，遅寝遅起き，朝食の欠食，いわゆる切れやすさなどの問題を抱え，基本的生活習慣や社会性が身につかない子どもたちの現状から容易に首肯できることであろう。そのなかで，幼稚園や保育所といった保育現場，そしてそこで働く保育者への期待は

いやが上にも増してきたと言わざるをえない。

　たとえば，学校教育法第24条には「幼児期の教育に関する各般の問題につき，保護者及び地域住民その他の関係者からの相談に応じ，必要な情報の提供及び助言を行うなど，家庭及び地域における幼児期の教育の支援に努める」と幼稚園に努力規定を定めている。

　幼稚園教育要領（2017〔平成29〕年3月31日）にも，「幼稚園の運営に当たっては，子育ての支援のために保護者や地域の人々に機能や施設を開放して，園内体制の整備や関係機関との連携及び協力に配慮しつつ，幼児期の教育に関する相談に応じたり，情報を提供したり，幼児と保護者との登園を受け入れたり，保護者同士の交流の機会を提供したりするなど，幼稚園と家庭が一体となって幼児と関わる取組を進め，地域における幼児期の教育のセンターとしての役割を果たすよう努めること」とあり，家庭や地域に対する子育て支援が大きく期待されている。

　一方，先述したとおり，児童福祉法第18条の4にも「専門的知識及び技術をもつて，児童の保育及び児童の保護者に対する保育に関する指導を行うことを業とする者」を保育士と定めており，在所児童に対する保育だけでなく，保護者対応も重要な職務の一つとされている。また，第48条の4には「保育所は，当該保育所が主として利用される地域の住民に対してその行う保育に関し情報の提供を行い，並びにその行う保育に支障がない限りにおいて，乳児，幼児等の保育に関する相談に応じ，及び助言を行うよう努めなければならない」としている。

　保育所保育指針は，2008（平成20）年3月28日の改定で初めて告示され，それまでの13章が7章に大綱化された。しかしそのなかで，第6章に「保護者に対する支援」が明記され，子どもの在所の有無にかかわらない保護者支援，地域における子育て支援に多くの記述を行なっている。さらに，2017（平成29）年3月31日の改正では，7章から5章になったが，第4章に「子育て支援」の独立した章が設けられている。

　まさに子どもの発達保障の観点からも，家庭・地域との連携，子育て支援の重要性が確認され，保育者の職務と位置づけられているのである。保育者は，地域の子育てサークルや子育て講座，必要があれば児童相談所や福祉事務所を

はじめ適切な相談機関を紹介するなど，保護者どうしを結びつけ，場合によっては外部の専門機関へ保護者を誘う役割も期待されるわけである。

 ## **節.** 保育者の専門性とは

　保育者の専門性の問題は，さまざまな角度から論じられなければならない。ここでは保育者の専門性をやや狭く，保育者がもつべき専門的能力という視点から，まずは教職のそれとのアナロジー（類推）でとらえ，論じることとしたい。なぜなら，保育者は素人とは異なる専門的能力をもつものであり，また，保育という概念が必然的に「教育」を含むところから，医師や弁護士等他の専門職よりも，むしろ小学校以上の教師と共通性があると解されるからである。

1──保育者に求められる専門的能力とは

　教師の仕事，教職に求められる専門的能力には，教科専門，教職専門，一般教養の3つの要素があると説明されることがある（木下・宮地，1981）。

　まず第一に，教科専門についてであるが，教師は担当する文化の領域（教科）について，正確な知識とその特性や構造に関する理解をもたなければならない。これが教科専門である。保育者にあてはめれば，保育内容に関するたしかな知識をもち，そのなかでとくに経験してもらいたい重点を自分のなかで整理して，子どもたちに提示する能力が必要であるということである。

　第二に，教職専門についてであるが，教師は子どもの発達段階に合わせて適切な指導を行なうために，子どもの生活や精神活動を客観的に理解し，教育の原理や方法等について正しい認識をもたなければならない。保育者ならば，保育方法とかかわって，乳幼児の心理特性を理解し，その後のよりよい発達に資するとの見通しのなかで，保育を行なう必要があるということである。

　第三は，一般教養であるが，教師は子どものパーソナリティ全般に大きな影響力をもつことから，幅広い一般教養と豊かな人間性をもつことがたいせつである。この点，保育者は，心身未分離の乳幼児を相手に全人格的なふれ合いの機会を多くもつことから，とくに重要である。

　ちなみに，『現代教育学事典』（青木ら，1988）によれば，「教養とは，客観

的に存在する文化が個人のうちに内面化したもの」をさし，「狭義の学力が各文化領域の部分的な知識や能力の達成度を意味するのに対し，基礎的教養はそれらを身につけた主体としての人間の全体的なあり方を探求するところから成立した概念」とされる。まさに教養が人間性と深くかかわるゆえんである。

　もう少し具体的に考えてみよう。たとえば，保育者が，自分が担当する子どもたちにとって畑作りをする経験は大事だと考えたとする。そうすると，植える植物や肥料，水やりの量やタイミングについて，保育者は知らなければならない。同時に，子どもたちが興味をもてる植物その他の選定と子どもへの適切なはたらきかけが必要となる。そして，ともに汗を流す営みのなかで，保育者の意識的・無意識的な姿勢，子どもたちとのかかわり方が重要であるということになる。

　あるいは，そのような保育の営みのなかで，子どもどうしがスコップを取り合ってけんかすることもあるかもしれない。しかしそのとき，保育者は子どもたちにけがのないよう見守りつつ，むしろそのような争いが，相手の気持ちに気づき，他者に対して思いやりをいだく契機になるとの見通しのうえで，介入のタイミングを慎重に図る必要もある。

2 ── 保育者としての専門性を高める

　保育者の専門性は，以上の議論に尽きるものではない。たとえば，視点を変えて，専門性とは「職務を果たすための姿勢（心情・意欲）・態度であり，知識であり，技術・技能である」（民秋，2000）とし，具体的には，子どもを一人の人格として尊ぶ姿勢，しっかりした保育観・子ども観とたしかな発達理論に関する知識，音楽・造形・身体表現の技能や集団生活を展開する技術と考えることもできる。

　保育者の役割から，子どもの発達を見通して子どもの興味・関心等をとらえ，さまざまな環境が出す刺激や特性を理解し保育を行なうこと，カウンセリングマインドをもって相手をありのままに受けとめること，保護者や同僚と連携して保育に携わること，保護者とともに子育ての楽しみやたいせつさを共有する子育てパートナーとなること，子どもの権利を擁護すること，さらに，自分の保育を省察し研究すること等をあげることもできる（小田・森，2001）。

　ほかにも，子どもとのかかわりを重視する視点から「保育者の専門性の中核をなす営みの一つはケアリング（caring）」，あるいは「子どもが豊かに『ひと・モノ・こと』と出会う『環境』についての専門的知識をもち具体的に実践をデザインする力量が，保育者の専門性」（森上・岸井，2001）との指摘もできる。

　加えて近年ではとくに，「保育者の新たな専門性」として，子どもや保護者とのかかわりに生かせるカウンセリングマインドをもち，同僚や地域の人々とも良好な関係をもって，地域の子育て支援を担う役割の重要性が指摘される（柴崎，1999）。

　ここで専門職とは何かについて，よく引かれるリーバーマン（Lieberman, M.）によるものをあげると，①範囲が明確で社会的に不可欠な仕事を独占的に行なう，②高度な知的技術を使う，③長期の専門教育が必要である，④個人的にも集団的にも広範な自立性がある，⑤動機は営利よりサービスである，⑥包括的な自治団体を形成する，⑦適用が具体化された倫理綱領をもつ，こととされる。

　はたして，保育の仕事はどのように位置づくであろうか。専門職の代表とされる医師や弁護士に比べて，その専門性は一般に高い認知が与えられているとは限らない。たとえば，「保育の専門性の確立を阻む最大の要因は，保育は女性なら誰でもできるものとする世間通念にある」（岡田ら，1997）という指摘もある。

　そのような社会通念に対して，保育者は，まずは足もとから，日々の実践のなかで，みずからの専門性を訴えたい。なぜなら，一つには，保育者は養成校で一応の教育を受ければそれで専門性が完璧に身についたとはいえないからである。むしろ具体的な実践を積み重ねて，その経験を丹念にふり返り反省をくり返すなかで専門性を獲得していく，いわゆる教職と同じく，反省的実践家といわれる一つの専門家のモデルにあてはまるものと考えられる。

　　子どもが帰った後で，朝からのいろいろのことが思いかえされる。われながら，はっと顔の赤くなることもある。しまったと急に冷汗の流れ出ることもある。ああ済まないことをしたと，その子の顔が見えてくることもある。——一体保育は……。一体私は……。とまで思い込まれることも屢々である。／大切なのは此の時である。此の反省を重ねている人だけが，真の保育者になれる。（倉橋，1976）

　これは倉橋惣三（1882-1955）のあまりにも有名な言葉である。子どもとのかかわりに関して述べたものであり，保育者としてのまずは専門性を高めるためにたいせつな姿勢として，読み返してみたいと思う。

　ところで，保育所保育指針（2017〔平成29〕年3月）は，とくに第5章を「職員の資質向上」に割いて，「保育所は，質の高い保育を展開するため，絶えず，一人一人の職員についての資質向上及び職員全体の専門性の向上を図るよう努めなければならない」としている。「各職員は，自己評価に基づく課題等を踏まえ，保育所内外の研修等を通じて，保育士・看護師・調理員・栄養士等，それぞれの職務内容に応じた専門性を高めるため，必要な知識及び技術の修得，維持及び向上に努めなければならない」とされている。そして，施設長は自らの専門性の向上に努めると同時に，「当該保育所における保育の質及び職員の専門性向上のために必要な環境の確保に努めなければならない」とされている。

　一方，2009（平成21）年4月から，他の学校種と同じく幼稚園でも教員免許更新制が導入された。教員免許状に10年間の有効期限がつき，2年間で30時間の更新講習の受講が必要となった。目的は最新の知識技能を身につけることとされているが，時代の変化，ほかならぬ子どもや保護者の変化も著しい今日，幼稚園教諭にも常に学ぶ姿勢が強く求められているのである。

3 ── 保育士の倫理

　保育士の国家資格化（2003年11月29日改正児童福祉法施行）に先だって，全国保育士会は，全国保育士会倫理綱領を策定し，2003（平成15）年2月26日に採択した。これは専門職集団としての保育士たちが，社会に果たすべき使命と責務を自覚し，求められる高い倫理性に照らして，みずからの行動規範を明らかにし，人間性・専門性の向上に努めることを表明したものである（表2-2）。

　そこでは，まず前文で保育士が「子どもの育ち」と「保護者の子育て」を支え，「子どもと子育てにやさしい社会」をつくることが宣言されている。そして，その後の8か条で，子どもの最善の利益と発達保障を根幹に，保護者とのよりよい関係，個人情報の保護，職場でのチームワークと他機関との連携，自己評価による保育の向上，子どもや保護者のニーズの代弁，地域の子育て環境づくり，研修や自己研鑽によるみずからの人間性と専門性の向上を規定している。

表2-2　全国保育士会倫理綱領

　すべての子どもは，豊かな愛情のなかで心身ともに健やかに育てられ，自ら伸びていく無限の可能性を持っています。

　私たちは，子どもが現在（いま）を幸せに生活し，未来（あす）を生きる力を育てる保育の仕事に誇りと責任をもって，自らの人間性と専門性の向上に努め，一人ひとりの子どもを心から尊重し，次のことを行います。

　　　私たちは，子どもの育ちを支えます。

　　　私たちは，保護者の子育てを支えます。

　　　私たちは，子どもと子育てにやさしい社会をつくります。

（子どもの最善の利益の尊重）
１．　私たちは，一人ひとりの子どもの最善の利益を第一に考え，保育を通してその福祉を積極的に増進するよう努めます。

（子どもの発達保障）
２．　私たちは，養護と教育が一体となった保育を通して，一人ひとりの子どもが心身ともに健康，安全で情緒の安定した生活ができる環境を用意し，生きる喜びと力を育むことを基本として，その健やかな育ちを支えます。

（保護者との協力）
３．　私たちは，子どもと保護者のおかれた状況や意向を受けとめ，保護者とより良い協力関係を築きながら，子どもの育ちや子育てを支えます。

(プライバシーの保護)
４．　私たちは，一人ひとりのプライバシーを保護するため，保育を通して知り得た個人の情報や秘密を守ります。

（チームワークと自己評価）
５．　私たちは，職場におけるチームワークや，関係する他の専門機関との連携を大切にします。

　また，自らの行う保育について，常に子どもの視点に立って自己評価を行い，保育の質の向上を図ります。

（利用者の代弁）
６．　私たちは，日々の保育や子育て支援の活動を通して子どものニーズを受けとめ，子どもの立場に立ってそれを代弁します。

　また，子育てをしているすべての保護者のニーズを受けとめ，それを代弁していくことも重要な役割と考え，行動します。

（地域の子育て支援）
７．　私たちは，地域の人々や関係機関とともに子育てを支援し，そのネットワークにより，地域で子どもを育てる環境づくりに努めます。

（専門職としての責務）
８．　私たちは，研修や自己研鑽を通して，常に自らの人間性と専門性の向上に努め，専門職としての責務を果たします。

　　　　　　　　　　　社会福祉法人　全国社会福祉協議会
　　　　　　　　　　　　　　　　　　全国保育協議会
　　　　　　　　　　　　　　　　　　全国保育士会

研究課題

1. みなさんは子どものころ，どんなお手伝いをしていただろうか。また，ここ1週間で，自分のためではなく家族のために家事をしたことはあるだろうか。ふだんの生活をふり返ってみよう。
2. 携帯電話やEメールを使うようになって，自分たちのコミュニケーションスタイルが変化したと思うことはあるだろうか。以前ならしなかったことをいまではするようになった，もしくはその反対など，みなさんで話し合ってみよう。
3. 自分の住んでいる地域にどのような保育施設があるのかを，実際に歩いて保育マップの作成をしてみよう。また，地域や自分の出身園を訪ねて，保育者に日々どのような仕事をしているかといったいまの保育の実情を尋ねてみよう。
4. 保育者の専門性について，他の専門職と比較しながら議論してみよう。

 推薦図書

● 『となりのアンドロイド』 黒崎政男 NHK出版
● 『保育白書 2019年版』 全国保育団体連絡会・保育研究所（編） ちいさいなかま社
● 『家庭との連携と子育て支援』 新澤誠治・今井和子 ミネルヴァ書房
● 『保育者論の探究』 森上史朗・岸井慶子（編） ミネルヴァ書房

推薦映画・ビデオ

● 『運動靴と赤い金魚』 マジッド・マジディ（監督） 1997年作品 日活

Column 2
これからの保育者に伝えたいこと　Ⅱ
木村　仁（家族自由参加幼稚園園長）

　地球温暖化は，氷河や北極の氷を溶かし人間の手に負えなくなってきました。地球に人間が手を加えすぎたことで温暖化や砂漠化が進んだように，大人が乳幼児に手を加えすぎた結果，乳幼児期から強迫障害など「心の病」が低年齢化してきました。乳幼児から大人までさまざまな「心の病」による「事件」が増え人間には止められなくなっています。乳幼児期の環境が悪いことで大人になってから問題行動を引き起こすことに多くの方が気づき始めました。今後，温暖化以上に「人間の心の砂漠化」が世界的に問題となる時代がきます。

　乳幼児期は，人間の個性や感性が創られるのですから人間教育のなかで最も重要な時代です。これからの保育者は，人間教育の基礎をなす重要な立場にいるのですから，総合的で基礎的人間観察研究が不可欠となります。

　文部科学省は，「情動の科学的解明と教育等への応用に関する検討委員会」の報告書で「・情動は，生まれてから5歳くらいまでにその原型が形成されるため，子どもの教育の育成のためには乳幼児教育が重要である・子どもの対人関係能力や社会的適応能力の育成のためには，適切な愛着形成が重要である・子どもが安定した自己を形成するためには，他者の存在が重要であり，そのためには特に保護者の役割が重要である」と強調しています。報告書のこの3点は，人間教育の基盤であり，どのように実践するかが課題となります。

　私自身は，30歳で幼稚園の園長となり，乳幼児期が個性を創る最も重要な時代であることを知り，乳幼児とその家族を援助できる精神環境を森のなかに創造して50年になりました。現在は，「愛着形成」が乳幼児期に少しでも多く身につくような生活環境を，多くの在・卒園家族とともに創っています。乳幼児から「情緒が安定した自己を形成できる精神環境の創造」のために，人と親しくかかわれるような大家族的な生活環境を多くの家族と共に創ってきました。

　私は，母親の日々の子育ての援助のために毎日みんなのなかで生活しています。母と乳幼児の関係を知ることが，人間理解の基礎と考えているので，「総合的で基礎的人間観察研究と実践」を探求し続けたいと望んでいます。今後も動物行動学や総合的な環境学，人間関係学，家族犯罪学などを探求し実践を続けます。基礎的人間研究のために，世界の多くの方々に開放して短・長期の研修を受け入れています。男性教諭5人，女性教諭1人，母親50人前後と大自然のなかで大家族的な親しい人間関係の生活体験をし学びを深めています。

第**3**章 子どもの成長・発達への視点

　幼稚園，保育所や認定こども園というのは「子どもがただあそんでばかりいるところ」と考えている人は少なくないようだ。そのためであろうか，「子どものあそびにつきあってお金がもらえるなんて，保育者という仕事は楽な仕事だ」ということを公言してはばからない人もいる。

　このような言葉は，礼を欠く言葉であるだけでなく無知をさらけ出したものであるのだが，またそこには，子ども，あそび，そして保育という仕事をどのように考えるのかという本質にかかわる問題がよこたわっているように思われる。

　そこで本章ではまず，子どものあそびとはどのようなものであるのか，そして，そのあそびをとおして子どもの成長や発達にかかわる保育とはどのような仕事なのか，さらにはあそびを提供するために保育者は，どのような計画を立て，指導力を養っていかなくてはいけないのかを考えていきたい。

1節　目的をもった行為としての保育

1——子どものあそびをどう見るか

　幼稚園の園庭でのできごと。砂場の向こうで子どもたちの「ワー」という声がする。何をしているのだろうと近づいてみると，まず，1人の子が園庭に3分の2ほど埋められた古タイヤの上に乗る。タイヤはもうだいぶ弱っているのだろう，子どもの体重を受けて上部がぺこんと下にへこむ。そのへこんだところに，子どもたちは小さな手で砂をすくっては入れ，すくっては入れる。そしてあとはしばらく息を止めるようにしてじっとそのタイヤを見つめている。と，やがてへこんでいた古タイヤは徐々に元の状態にもどろうとし，そして最後にポコンという音とともにへこみのなかに入っていた砂を大きく跳ねあげるのだった。このとき子どもたちは大声を上げ，そしてまた同じことをくり返した。

図3-1　飛び上がる砂に驚く子ども

　よく，子どものあそびというのは，何かの目的のために行なわれるのではなく，そのこと自体がおもしろいから遊ぶのだといわれる。とにかくおもしろさの追求があそびであり，おもしろくなければそのあそびは長続きしない。

　では，このときの子どもにとってのおもしろさというのはいったい何なのだろう。どうも子どもたちのようすを見ていると，まず第一に新しいこととの出会いや発見のおもしろさがあるようだ。このとき子どもたちは目を生き生きさせながら真剣な探索活動に取り組む。第二は，自分がすでに知っていることや，もっている能力を試していくおもしろさである。この場合は，子どもたちは何度も何度も同じ（ように見える）ことをくり返すが，実は一回一回のくり返しのなかで，子どもたちは予想し，それ

を確かめ，また少しずつ違った発見をしているように思われる。そこでは失敗をとおしての試行錯誤も見られる。そして第三には，そのことをいっしょに共有，共感できる仲間との関係を楽しむおもしろさがあるようだ。古タイヤによる砂飛ばしは，まさにそんなあそびのおもしろさのすべてを子どもたちに与えていたのではないだろうか。

　さて，このような子どものあそびというのは，見方を変えれば子どもにとってたいへん重要な学びの過程ということもできるだろう。もちろん「学び」といってもそれは，言葉による断片的な知識を記憶していくというようなことではない。むしろ，自分を取り巻いている世界のいろいろなことを直観的に感じとっていくことであり，また外の世界に対して自分の力を行使する術を身につけていくということである。そのなかで子どもたちは自分という存在に目覚め，仲間との関係をとおして自分らしさというものに気づき，そしてまた理想とする自分の姿を追求する。いわば「自分づくり」という人間としての成長が，まさにあそびをとおしてさまざまな形で展開されるのである。

　戦前のイギリスで児童発達に関する研究者であり実験保育学校の実践者であったスーザン・アイザックス（Isaacs, S.）は，人間の幼児期の解明にあたって「何かを学ぶことができる動物というのは，よく遊ぶこともできる」と述べている（Isaacs, 1929）。子どもはあそびをとおして学び，学ぶことによってまたあそびを豊かにしていく存在なのである。

　さて，このように考えてみると「子どもは遊んでばかりいる」というのは，けっして不名誉なことではなく，むしろ喜ばしいことかもしれない。子どものあそびを成り立たせる3つの間，いわゆる「空間・時間・仲間」の減少により，「遊べなくなった子どもたち」といわれるようになって久しい。だからこそ保育の場では子どものあそびを豊かに保障していくことが，いま強く求められるのである。ただし，この「あそびを豊かに保障」するためには，それなりの課題が存在する。それを次に考えてみよう。

2──保育における「自由」の問題

　子どものあそびを大事にすること，そしてあそびというのはだれにも強制されるものではなく，子どもの自由で自発的な思いによって展開されるものであ

る。このような考えに対して異論をとなえる人はほとんどいないだろう。しかし，そうすると保育の場において豊かなあそびを子どもに保障していくという課題はどうすればよいのだろうか。そしてさらに，次のような問題にはどのように答えることができるのだろうか。

　福井県では，いま，自由保育が問題になっています。昨年着任したばかりなので，始めのうちは管理よりは自由に越したことはないと思っていました。しかし，見学にいったり，父母からの苦情を聞くにつけこれが「自由」保育なのかと疑問を持ち，資料を集めているところです。
　私が見学したときは園外へ子どもだけで出て，県道わきで遊んでいました。子どもがJRの線路上で遊んで近所の人が見かねて注意したとも聞きます。子どもを指導しないことになっているので，ケンカが起きても介入せず，子どもには力による上下関係ができています。未満児も含めて，昼寝はしてもしなくても自由です。落書きはしほうだいですし，飾り付けも人工的だからといって行ないません。廃校になった小学校の教室のようなところで保育をしています。（中略）
　ちょっとおおげさかもしれませんが，保母は子どもを指導しないように互いに見張っているといった感じがします。（中略）
　マスコミがもてはやすという福井の特殊事情があるのかもしれませんが，役所も自由にさせろ，自由にさせろと保育園に言ってきています。福井では自由にさせる＝指導しないととらえています。
　自由保育の実態や積み重ねを勉強しないで，ただ放任にすることは子どもにとってけっして良いことだとは思いません。
　　　　　　　　　　　　　　　　　　　　　　　　　　　　　（現代と保育編集部，1990）

　これは1990年前後，「幼稚園教育要領」「保育所保育指針」が相次いで改訂・改定されたころの保育現場の混乱を記したものであるが，実はこのような問題，とくに子どもの自由と管理，そして放任という保育実践の揺れ動きは，けっしてこのときだけの問題ではなく，幼児教育・保育の歴史を貫く古くて新しい問題である。たとえば，幼稚園の創始者フレーベルにしても，子どものあそびにどれほどの自由とどれほどの指導を与えればよいのかについては困難を感じていたといわれる（Liebschner, 1992）。また，アメリカにおける幼稚園発展の歴史のなかで，さらに日本の明治期から大正期にかけても，常にこのことは論点になってきたのである。

　そんな重大な問題をここで軽々しく論じることはできないが，一点だけたいせつな視点を確認しておきたい。それは保育における「自由」というものをどのようにとらえるのか，ということである。ここで加藤（1993）が指摘する，「自由」には一般に思い浮かべることのできる「〜からの自由」という自由の

ほかに，「～への自由」というものがあるということに注目しておきたい。

　「～からの自由」というのは，いわゆる束縛や管理からの自由であり，ある意味で何をしてもよいという自由につながる。加藤はこれを「社会的自由」もしくは「精神的自由」とよぶ。これに対して「～への自由」というのは，たとえば水に対する恐怖心をなくし，浮くことや泳ぐことができれば「水への自由」を確保したということであり，これは「発達的自由」とよばれるものである。当然，子どもたちがさまざまな能力を身につけそれをいろいろな形で応用していくことは，保育が果たすべき重要な役割であり，それもまた「自由」の名のもとにとらえておく必要がある。

　「自由」をこのように考えてみるならば，「放任」というのは「～からの自由」を極端に解釈するものであり，それは「～への自由」を保障することを否定する。一方，「～への自由」についても，これを強調しすぎることは子どもの「～からの自由」を奪い，「管理」保育につながることになる。保育実践というのは，いわばこの微妙な関係のうえに成り立つものであり，そのためには保育者がいま，目の前の子どもをどのようにとらえるか，そしてみずからの保育に関する長期の目標と短期の課題をどのように設定するか，そして何よりも保育者と子どもは大人と子どもの関係ではあっても，もう一歩踏み込んだ人間と人間の関係としてどうあるべきか，まさにこれらのことが大きく問われることとなるだろう。

　保育というのはけっして行きあたりばったりの仕事ではなく，ましてや「子どものあそびにつきあうだけの楽な仕事」ではない。むしろ，どのように子どものあそびにかかわっていくのか，またどうすれば子どものあそびが人間としての成長につながっていくのか，実に複雑多岐にわたる専門的な課題を背負っている。それは個人としての資質が厳しく問われる仕事であり，またその職場は保育者集団としての力量が日々試される待ったなしの仕事場なのである。

　以上，保育というのはきわめて目的的な行為であるということを確認したうえで，次に具体的な保育実践のための課題について見ていくことにする。

2節 保育の内容と乳幼児の育ち

　幼稚園，保育所および認定こども園の生活は，乳幼児がありのままに過ごすことのできる時間の流れのなかで，身を委ねる空間である。この登園（所）から降園（所）にいたるまでの時間的流れや空間のなかで，乳幼児が人とのかかわりをとおして経験する生活やあそびの営み全体を包括して保育の内容とよんでいる。保育者の立場からいえば保育の内容は，保育者が保育のねらいを達成するために，幼稚園や保育所および認定こども園において乳幼児に経験してほしいと願う内容のすべてを示したものである。ここでは保育の内容とその計画，指導のあり方を考えていきたい。

1 ── 保育の内容の変遷

　保育の内容の変遷をふり返る前に，まず現行の「幼稚園教育要領」，「保育所保育指針」および「幼保連携型認定こども園」の改訂（定）への要点を紹介したい。

　2017（平成29）年に「幼稚園教育要領」，「保育所保育指針」および「幼保連携型認定こども園教育・保育要領」が同時に告示され，2018（平成30）年4月から施行されている。施行とは，法令の効力を現実に発生させることを意味しており，幼稚園，保育所および認定こども園が実際に「幼稚園教育要領」，「保育所保育指針」および「幼保連携型認定こども園」における保育の内容に基づいて保育を実施することである。

　今回の「幼稚園教育要領」，「保育所保育指針」および「幼保連携型認定こども園」のトリプル同時改訂（定）は，2006（平成18）年の「教育基本法」の改正により，第11条に「幼児期の教育は，生涯にわたる人格の基礎を培う重要なものである」が明記され，幼児期の教育の重要性が法的に位置づけられたことに端を発している。また同年には「就学前の子どもに関する教育，保育等の総合的な提供の推進に関する法律（認定こども園法）」も施行され，保育施策全体に多大な影響を及ぼしている。

　さらに2012（平成24）年8月には，保護者が子育てについて第一義的責任を有するという基本的認識のもとに，幼児期の学校教育・保育，地域の子ど

も・子育て支援を総合的に推進するために「子ども・子育て支援関連3法」が成立した。この「子ども・子育て支援法」では幼稚園，保育所，認定こども園，小規模保育など共通の財政支援のための仕組みが明らかになり，「認定こども園法」の改正により「学校及び児童福祉施設としての法的位置づけを持つ単一の施設」として新たな「幼保連携型認定こども園」が創生された。2015（平成27）年4月施行された「子ども・子育て支援新制度」では施設型給付とともに地域における保育機能の確保に対応するため地域型保育給付の財政的支援の充実が図られた。「幼保連携型認定こども園」の認可，指導監督を一本化した制度の改善が図られ，地域の実情に応じた子ども子育て支援事業が推進された。また住民の身近な市町村が地域のニーズに基づき子育て支援計画を策定し，給付や事業を実施することとなった。そのため市町村によっては子育て支援の具体的内容に格差が生じるようになった。

　このような一連の保育施策の動向のなかで，保育の質的な向上をめざして今回「幼稚園教育要領」，「保育所保育指針」および「幼保連携型認定こども園教育・保育要領」が同時に改訂（定）され，保育の内容の共有化が図られたのである。

　その共通の柱として大きく次の5つがあげられる。

①環境をとおしての教育・保育の重要性が示されたこと

②幼児期に育みたい資質・能力が明確化されたこと

③幼児期の終わりまでに育ってほしい姿（10の姿）が明確化されたこと

④乳児期からの発達と学びの連続性が示されたこと（保育の内容の連続性），小学校との接続の重要性が示されたこと

⑤子育て支援（預かり保育を含む）が示されたこと

　戦後9回目となる小学校以上の学習指導要領の改訂では学校と社会のつながりが強調され，主体的で対話的で深い学び（アクティブラーニング）の重視，さらにはプログラミング学習・外国語の学習・道徳教育の導入が特徴となっている。とくに超情報化社会を迎え，社会が大きく変貌しようとするなかで，未来を生きる子どもたちの「生きる力」を培うことがその重要な課題となっている。そのような小学校以上の教育改革と連動して，就学前の保育・幼児教育も大きく舵を切ったのである。

　それでは日本の保育の内容は，明治時代からどのように受け継がれてきたのであろうか。

　1876（明治9）年，日本に初めて東京女子師範学校附属幼稚園が開設されて以来，表3-1に示されるように，時代の変遷にともなって保育の内容も移り変わってきている。1877（明治10）年に制定された「東京女子師範学校附属幼稚園規則」では「保育科目ヲ大別シ物品科　美麗科　知識科トスル」が示され，この3科目には，フレーベルの20遊嬉を用いた25の子目が含まれている。また1899（明治32）年に制定されたわが国最初である単独の幼稚園に関する法令「幼稚園保育及設備規程」では，保育項目として「遊嬉」「唱歌」「談話」「手技」を取り上げ，従来恩物一辺倒であった保育内容に「遊嬉」「唱歌」「談話」が加わり，恩物が「手技」としてまとめられた。

　大正時代の保育は，明治後期からの保育内容の自由化と欧米の児童中心主義運動の導入もあって，モンテッソーリ法やダルクローズのリトミック等，保育内容に新しい試みが取り入れられた。1926（大正15）年には「幼稚園令」が勅令として示され，幼稚園での保育内容に自由裁量が加えられた。倉橋惣三は1935（昭和10）年に著書『系統的保育案の実際』を発行し，「生活を，生活で，生活へ」に表現される子どもの姿をとらえた保育を唱えた。

　戦後1947（昭和22）年に「学校教育法」が制定され，幼稚園が学校として明示された。翌年の1948（昭和23）年3月には文部省より「保育要領—幼児教育の手引き—」が刊行され，「楽しい幼児の経験」として幼児の興味を重んじ，経験することを重要視する保育内容が位置づけられた。この保育要領は，幼稚園のみならず，保育所さらには家庭での保育（育児）のあり方にも言及していた。

　1956（昭和31）年初めて「幼稚園教育要領」が刊行され，幼稚園の保育内容として6領域「健康」「社会」「自然」「言語」「絵画製作」「音楽リズム」が示され，幼児の発達上の特質と望ましい経験が，各領域にそって説明された。1964（昭和39）年の「幼稚園教育要領」では幼稚園教育の目標を達成するために，幼稚園修了までに幼児に指導することが望ましいねらいが示された。しかしながら保育の場では，この6領域に小学校以上の教科的な扱いが見受けられ，単元活動を中心とする教科的な保育に陥ってしまった。その反省をふまえて，

表3-1　日本の幼稚園における保育内容の変遷（高杉・河野，1989　p.40.より作成）

年号　年	名　称	規則	保育の内容	特　徴
1877（明治10）年	東京女子師範学校附属幼稚園規則		保育科目「物品科」「美麗科」「知識科」(1881年廃止)(20課目)会集　修身ノ話　庶物ノ話　木ノ積立テ　板排へ　箸排へ　豆細工　紙織リ　紙撮ミ　鎖繋ギ　画キ方　数へ方　読ミ方　書キ方　唱歌　遊戯　(1884年全面改訂)	フレーベルの恩物が中心である。
1899（明治32）年6月	幼稚園保育及設備規程	省令	1.遊嬉　2.唱歌　3.談話　4.手技	保育四項目を示す。
1926（大正15）年4月	幼稚園令	勅令	1.遊戯　2.唱歌　3.観察　4.談話　5.手技　等	「観察」が加わり保育五項となる。「等」が加わる。
1948（昭和23）年3月	保育要領 —幼児教育の手びき—	刊行	1.見学　2.リズム　3.休息　4.自由遊び　5.音楽　6.お話　7.絵画　8.製作　9.自然観察　10.ごっこ遊び　11.健康保育　12.年中行事	「楽しい幼児の経験」12項目
1956（昭和31）年2月	幼稚園教育要領	刊行	1.健康　2.社会　3.自然　4.言語　5.絵画製作　6.音楽リズム	「望ましい経験」を6領域に分類する。
1964（昭和39）年2月 1964（昭和39）年4月	幼稚園教育要領	告示 施行	1.健康　2.社会　3.自然　4.言語　5.絵画製作　6.音楽リズム	「望ましいねらい」を各6領域ごとに事項として示す。
1989（平成元）年3月 1990（平成2）年4月	幼稚園教育要領	告示 施行	1.健康　2.人間関係　3.環境　4.言葉　5.表現	「ねらい」は幼稚園修了までに育つことが期待される心情、意欲、態度などであり「内容」はねらいを達成するために指導する事項である。発達の側面から5つの領域にまとめた。
1998（平成10）年12月 2000（平成12）年4月	幼稚園教育要領	告示 施行	1.健康　2.人間関係　3.環境　4.言葉　5.表現	教師の役割を明確化
2008（平成20）年3月 2009（平成21）年4月	幼稚園教育要領	告示 施行	1.健康　2.人間関係　3.環境　4.言葉　5.表現	小学校との接続　家庭との連携　預かり保育の明確化
2017（平成29）年3月 2018（平成30）年4月	幼稚園教育要領	告示 施行	・幼児期に育みたい資質・能力　・5領域「健康」「人間関係」「環境」「言葉」「表現」・幼児期の終わりまでに育ってほしい姿	前文の追加　幼児教育の明確化　発達と学びの連続性　小学校との円滑な接続

表3-2 保育所保育指針における内容の変遷

※（健康・人間関係・環境・言葉・表現にかかる）

年号	名称		発達過程区分	内容					
				基礎的事項	健康	人間関係	環境	言葉	表現
1965（昭和40）年（昭和39年の「幼稚園教育要領」に連動）	保育所保育指針	厚生省通知	6歳	健康・社会・言語・自然・音楽・造形					
			5歳	健康・社会・言語・遊び					
			4歳	健康・社会・言語・遊び					
			3歳	生活・遊び					
			2歳						
			1歳3か月から2歳						
			1歳3か月未満						
1990（平成2）年（平成元年の「幼稚園教育要領」に連動）	保育所保育指針	厚生省通知	6歳	基礎的事項	健康	人間関係	環境	言葉	表現
			5歳	〃	〃	〃	〃	〃	〃
			4歳	〃	〃	〃	〃	〃	〃
			3歳						
			2歳	内容（一括に示す）					
			1歳3か月から2歳未満児						
			6か月から1歳3か月未満児	〃					
			6か月未満児						
1999（平成11）年（平成10年の「幼稚園教育要領」に連動） 2000（平成12）年4月施行（「幼稚園教育要領」と同時に施行）	保育所保育指針	厚生省通知	6歳	基礎的事項	健康	人間関係	環境	言葉	表現
			5歳	〃	〃	〃	〃	〃	〃
			4歳	〃	〃	〃	〃	〃	〃
			3歳						
			2歳	内容（一括に示す）					
			1歳3か月から2歳未満児						
			6か月から1歳3か月未満児	〃					
			6か月未満児						
2008（平成20）年3月 2009（平成21）年4月施行	保育所保育指針	厚生労働省告示	保育の内容は8つの発達過程区分によって明示されていない。	1 保育のねらい及び内容 (1) 養護に関わるねらい及び内容 ア 生命の保持 イ 情緒の安定 (2) 教育に関わるねらい及び内容 ア 健康 イ 人間関係 ウ 環境 エ 言葉 オ 表現					

年号	名称	発達過程区分	内容
2017（平成29）年3月告示　2018（平成30）年4月施行	保育所保育指針　厚生労働省告示	・乳児保育：「健やかに伸び伸びと育つ」「身近な人と気持ちが通じ合う」「身近な物と関わり感性が育つ」・1歳以上3歳未満児：5領域「健康」「人間関係」「環境」「言葉」「表現」・3歳以上児：5領域「健康」「人間関係」「環境」「言葉」「表現」・幼児期の終わりまでに育ってほしい姿	第1章　総則　2　養護に関する基本的事項　3　幼児教育を行う施設として共有すべき事項　第2章　保育の内容　養護：生命の保持と情緒の安定　教育：発達の援助

※この箇所は発達過程区分に対応している「内容」について抽出し、表記したものである。

表3-3　幼保連携型認定こども園教育・保育要領における内容の変遷

年号	名称	発達過程区分	内容
2014（平成26）年3月告示　2014（平成26）年4月施行「就学前の子どもに関する教育、保育等の総合的な提供の推進に関する法律の一部を改正する法律（認定こども園法改正法）」の施行日の前日に施行	幼保連携型認定こども園教育・保育要領	第2章　ねらい及び内容並びに配慮事項　第1のねらい及び内容に関しては「幼稚園教育要領」に沿った3歳以上における5領域を明示　第2の保育の実施上の配慮事項に乳児期、1歳以上3歳未満、3歳以上の保育を受ける園児に関する配慮事項を明記	・「幼稚園教育要領」の章立てに準ずる・幼稚園の機能と保育所の機能を合わせもった施設・子育ての支援
2017（平成29）年3月告示　2018（平成30）年4月施行	幼保連携型認定こども園教育・保育要領	・乳児保育：「健やかに伸び伸びと育つ」「身近な人と気持ちが通じ合う」「身近な物と関わり感性が育つ」・1歳以上3歳未満児：5領域「健康」「人間関係」「環境」「言葉」「表現」・3歳以上児：5領域「健康」「人間関係」「環境」「言葉」「表現」・幼児期の終わりまでに育ってほしい姿	・乳児からの発達や学びの連続性・幼児教育の明確化・小学校との円滑な接続・健康安全への配慮・子育ての支援

1989（平成元）年に改訂された「幼稚園教育要領」においてはそれまでの6領域から，子どもの発達をとらえる側面としての5領域として，「健康」「人間関係」「環境」「言葉」「表現」が示された。幼稚園教育要領と連動して改定された保育所保育指針も表3-2で示しているように1990（平成2）年の改定では3歳児以上は「基礎的事項」と5領域を提示している。

　1989（平成元）年の改訂から約10年を経た1998（平成10）年には，乳幼児の主体的な活動の重視が，ややもすると放任保育に受け取られる傾向に陥ったために，教師としての役割を明確化した幼稚園教育要領への見直しが図られた。同様に「保育所保育指針」も1999（平成11）年に改定された。2008（平成20）年には「幼稚園教育要領」，「保育所保育指針」の改訂（定）が初めて同時に告示され，翌年2009（平成21）年に施行された。そこでは小学校との接続，家庭との連携，さらに地域との連携の必要性が明示され，幼稚園の教育活動のなかで，預かり保育（教育課程に係る教育時間の終了後等に行なう教育活動）の活動の内容や意義が明確化された。また「保育所保育指針」においても保護者支援が強調された。このような流れを受けて，2014（平成26）年に初の「幼保連携型認定こども園教育・保育要領」が施行されたのである（表3-3）。

2——子どもの成長・発達と保育の内容

　保育とは，家庭から離れ，初めて出会う身内ではない大人といっしょに過ごす集団生活の営みである。そして保育者は，子どもにとっては大人の代表者である。大人というより人間の代表者である。しかも保育者は，その子どもの成長や発達を見守り，援助する重要な役割を担っているのである。保育の内容が時代とともに移り変わってきていることは，前述したとおりである。しかし集団生活の場で，子どもたちが，人と出会い，物と出会い，自然と出会い，さまざまな事象と出会いながら，成長や発達を遂げていくのは，いつの時代も変わらない営みであろう。子どもの成長（growth）や発達（development）の道筋もまた，一定のプロセスをたどっていくのである。子どもの成長・発達にダイレクトに携わる保育者にとって，何より重要なのは，子どもの成長や発達に対する深い洞察である。とくにむずかしい育ちをもった子どもに対しては，「序章」で紹介した新任の保育者が日々取り組んでいるように，なおさらである。

　一人ひとりの子どもが，自律的に，しかも仲間と共存して生活できるようになることが乳幼児期の重要な発達課題である。だからこそ保育者は，乳幼児期の発達特性を把握し，目の前にいる子どもの発達のようすや姿を理解することから，子どもに応じた活動やあそびを提供していかなければならない。さらに，子どもの発達過程に応じた保育内容の5領域を計画に基づいて相互的総合的に指導していかなければならないのである。

3──教育課程・全体的な計画と指導計画

　これまで述べてきたとおり，保育所，幼稚園および認定こども園における保育は子どもの主体性を尊重しながら，保育者が意図や計画性をもって保育を展開するところにある。

　幼稚園の教育課程は，入園してから修了するまで幼稚園生活の全体をとおしてその教育目標を達成するために，幼児の生活経験，発達過程等を総合的に考慮して作成する計画である。その教育課程の基準が2018（平成30）年に施行された改訂「幼稚園教育要領」である。「幼稚園教育要領」では，発達や学びの連続性，小学校との円滑な接続，子育て支援や教育課程に係る教育時間終了後の教育活動（預かり保育）の重要性が明示されている。

　2018（平成30）年に適用された改定「保育所保育指針」第1章3　保育の計画および評価では「各保育所は第1章に示される保育目標を達成するために，保育の内容が組織的，計画的に構成され，保育所の生活の全体を通じて，総合的に展開されるよう，全体的な計画を作成しなければならない」と記している。続いて「全体的な計画は，保育所保育の全体像を包括的に示すものとして，これに基づく指導計画，保健計画，食育計画等を通じて，各保育所が創意工夫して保育できるよう，作成されなければならない」と説明している。

　前回の「保育所保育指針」では保育所の「全体的な計画」を「保育課程」とよんでいたが，今回の改定では幼保連携型認定こども園と同様に，保育所に入所してから終了するまでの総合的な計画を「全体的な計画」として記している。

　幼稚園，保育所および認定こども園は，国の保育施策や子どもを取り巻く社会の変化に大きな影響を受けながら「幼稚園教育要領」，「保育所保育指針」や「幼保連携型認定こども園教育・保育要領」に基づいて，所（園）長のリー

ダーシップのもと，その園独自の教育課程や全体的な計画を編成しなければならない。この教育課程や全体的な計画は，各幼稚園，保育所および認定こども園の保育理念，目標や方針に従って編成する。とくに今回の改訂（定）では5領域を中心とした遊びや生活をとおして「幼児期に育みたい資質・能力」を培い，小学校就学前までに「幼児期の終わりまでに育ってほしい姿」を意識しながら，教育課程や全体的な計画を編成していくことが求められている。その際には，計画（Plan），実践（Do），評価（Check），改善（Action）のPDCAサイクルが循環し，より質の高い保育が展開できるようにカリキュラム・マネジメンの実施が必要である。

　日々子どもの主体性や自発性を重んじている保育を展開している保育者は，どちらかというと目の前の子どもの瞬時瞬時のあそびや生活の充実を第一に考えようとする。しかも保育は，日々の成果がすぐに結果として表われない，点数化できない営みである。だからこそ保育者は，一人よがりにならないように，みずからが立案した計画に基づいた実践をふり返り，改善を重ねる努力を惜しんではならない。各幼稚園，保育所および認定こども園の保育者集団が組織として，園の羅針盤となる教育課程や全体的な計画を一年ごとに見直し，確認し，改善を重ねていくことが不可欠であり，それが保育のマンネリを防ぎ，その園全体の保育の質の向上に結びついていくのである。

4──指導計画（年・期・月・週・日）と保育の内容

　保育の実践には，必ず保育者の意図があり，願いがある。指導計画とは，いわば保育者の意図を時間的な見通しをもって明確にした保育実践への設計図ともいえる。設計図なくして家が建てられないのと同じように，指導計画なくしての保育はありえない。

　指導計画は，幼稚園，保育所および認定こども園が置かれている地域の実情や家庭的背景をふまえたうえで，主体的に活動している子どもの姿を観察し，理解するところから始まるのである。そして対象となる期間に応じて，年・期・月・週・日の指導計画が立案される。保育者はこの指導計画にそって発達課程に応じた保育を進めていくが，言うまでもなく保育の主人公は子どもたちである。

　指導計画には長期と短期の指導計画があり，この指導計画は毎日の実践をく
り返しながら絶えず反省し，評価を加えなければならない。この計画，実践，
評価，改善（PDCAサイクル）の循環が長期の保育計画においても，また短期
の保育計画においても絶えず行なわなければならないのである。そして，その
出発点は，「子どもの姿」の把握であろう。一人ひとりの子どもの発達の状況
を理解し，また同時にクラスの子どもの状況をくみとることが，指導計画案作
成にまず求められることである。計画を立案する前に，子どもの実態を観察し，
子どもの状況や子どもの今ある姿を理解することは，保育者として自明のこと
である。

　子どもの姿の理解は，保育者の目に映る子どもの表面的に示される行動だけ
ではなく，子ども一人ひとりの心の動きや思いを洞察することから始まる。そ
していま，子どもが示している興味や関心を見きわめることによって，子ども
たちの主体的な活動をうながすことのできる環境構成を生み出すことができる
のである。

　とくに「日案」とよばれている日指導計画案は，具体的な指導計画の最小単
位の案である。もちろん日案は，その日1日単位のこまぎれの案ではなく，1
週間の生活のなかでの1日であり，週はその月の大きな生活の流れのなかの1
週間である。日案を作成するときは，その幼稚園，保育所および認定こども園
の長期の指導計画を意識しながら，具体的には月指導計画案（月案），週指導
計画案（週案）との関連を十分考慮して作成にあたらなければならない。1日
の生活のなかで「ねらい」と「内容」を設定し，時間的経緯にそって，「予想
される乳幼児の活動」，その活動をうながす保育者の間接的援助である「環境
の構成」さらには保育者の直接的な援助である「保育者の援助」等を具体的に
作成するのである。

　しかし乳幼児の活動は，保育者が前日までに作成した「予想される乳幼児の
活動」どおりに行なわれるとは限らない。子どもの状況に応じて環境を再構成
し，子どもが主体的に活動できるような，保育者の柔軟な対応が求められる。
指導計画に子どもを合わせて保育を展開するのではなく，主体的にあそびや活
動にかかわろうとする子どもの姿に添うことから，保育は始まるのである。こ
のような日々のあそびや生活による経験が，幼児期に育みたい資質・能力を培

い，「幼児期の終わりまでに育ってほしい姿」に蓄積されていくのである。

　あそびの３要素である「空間・時間・仲間」が保障されている保育実践の場では，保育者があそびの価値や意義をどのように理解し，主体的なあそびが展開される環境をどのように構成するかが大きな課題となってくる。

　今回の「保育所保育指針」の改定では表３-２でも明らかなように，乳児から幼児までの保育の内容が記された。乳児保育では生活やあそびを通じて「健やかに伸び伸びと育つ」「身近な人と気持ちが通じ合う」「身近なものとかかわり，感性が育つ」として５領域を乳児の発達の視点から３つに区分して「ねらい」と「内容」を設定している。これらの乳児の３区分を受けて，１歳以上児から３歳未満児，さらに３歳以上児においては５領域でその「ねらい」および「内容」が明記されている。

　子どもの主体的な活動であるあそびを重視した保育が，子どもの活動の偏りに陥っていないかを確認するためにも，日および週の指導計画案の反省・評価を行ないながら，前月の子どもの姿をふり返り，今月の子どもの姿を確認し，来月の子どもの姿の見通しを立てていくことが重要となり，これらの細かい評価，改善が保育の質の向上につながっていくのである。

5──保育の内容とその指導法

　保育者として求められる指導のスキル，あるいは指導力とはいったい何を示すのだろうか。子どもを保育するにあたり求められる保育者としての力量すべてが，人間性や子どもの発達理解を含めた広範囲にわたるため，ここではとくに指導のスキルを，保育を進めていくのに必要とされている基本的な技術，基礎技能に絞って考えていきたい。私たち保育者養成校に携わる教員は，子どもの発達に見通しをもちながら，子ども中心とする保育を進めていくことができる指導力を養成していきたいと願っている。しかし実際の保育場面で必要とされている保育者は，言われたことに素直に対応でき，集団をとりまとめることのできる力をもちあわせていることである。そして一般的に指導力という場合，クラス全体のまとまりや集団の統率の評価をそのまま保育者の指導力とみなされる場合が多い。しかし本来現行の「幼稚園教育要領」「保育所保育指針」「幼保連携型認定こども園教育・保育要領」における主体的な子どものあそび

を重視する保育では，保育者の指導のスキルは子どもの発達理解に基づく援助者としての役割を果たす技量ととらえるべきである。

　2011（平成23）年度4月から実施された保育士養成カリキュラムには「保育表現技術」が「基礎技能」の科目に代わって設置された。「保育表現技術」では保育に根ざした「身体表現」「音楽表現」「造形表現」「言語表現」に関する知識や技術を習得することにより，子どものあそびを豊かに展開する力を養うことが目標とされている。とくに明治初期の東京女子師範学校附属幼稚園では，松野クララによってピアノによる保育がなされたため，日本における保育者はピアノが弾けることが必須の条件とされてきた。もちろん弾けないよりも弾けるほうが，保育の幅は広がるであろう。しかし保育に用いるピアノは子どもの音楽表現やリズム表現を豊かにする楽器である。子どもの音楽表現やリズム表現を豊かにする楽器は，ピアノに限定することはない。むしろ固定概念から外れて，音を楽しむことのできる楽器，音のでる教材や機器を活用することが子どもの活動の多様性を引き出すことになっていくのである。

　保育を取り巻く社会情勢の変化，および今回の「保育所保育指針」の改定等をふまえ，より実践力のある保育士の養成に向けて，2017（平成29）年12月に「保育士養成課程等の見直し」概要が示され，2019（令和2）年4月より新しい保育士養成課程が適用されることになった。そこでは6つの具体的な見直しの方向性が示された。

　①乳児保育の充実

　②幼児教育を行なう施設としての保育の実践

　③「養護」の視点を踏まえた実践力の向上

　④子どもの育ちや家庭への支援の充実

　⑤社会的養護や障害児保育の充実

　⑥保育者としての資質・専門性の向上

　この6つの方向性は，「幼稚園」「保育所」「認定こども園」における保育の内容の改訂（定）にも連動しているが，「保育表現技術」に関してはそのまま据え置きとなっている。

　一方2019（平成31）年4月から教育職員免許法施行規則の改正施行（2017〔平成29〕年公布）により，幼稚園教員養成課程において「教科に関する科目」

が「領域及び保育内容の指導法に関する科目」として改められ「イ　領域に関する専門的事項　ロ　保育内容の指導法（情報機器及び教材の活用を含む）」とされた。幼稚園教諭一種免許では16単位，幼稚園教諭２種免許では12単位が必要である。また領域に関する専門的事項については１種免許の場合は５領域全てについて科目を設定しなくてはならないと規定され，情報機器のおよび教材の活用を含む保育内容の指導法の学修が求められている。このように，従来の「音楽・図工・体育」を中心とした技術を習得することが保育者としての学修のねらいではなく，保育内容の各領域の「ねらい」や「内容」の観点から，あそびをどのように指導していくのかという指導方法の学修が保育者養成校にも問われているのである。

３節．保育の形態と指導方法

1──個人と集団

　2018（平成30）年に適用された改訂「幼稚園教育要領」は，1989（平成元）年からの10年ごとの改訂の趣旨を受け継ぎ，幼稚園教育の基本として，幼児の主体的な活動を重んじ，あそびをとおしての総合的な指導，また幼児一人ひとりの特性に応じ，発達の課題に即した指導を行なうようにすることを軸としている。教師は幼児一人ひとりの活動の場面に応じて，さまざまな役割を果たし，発達の課題に即した指導を行なうことが幼稚園教育の基本である。同時に改定された「保育所保育指針」においても，第１章総則第１　保育所保育に関する基本原則（3）の保育の方法のなかで，一人ひとりの子どもの状況や家庭および地域社会での生活の実態の把握，一人ひとりの発達過程に応じた保育をすること，子どもの主体的な思いや活動をたいせつにすることが記されている。

　1956（昭和31）年に初めて刊行された「幼稚園教育要領」は教育の内容として６領域が設定され，系統性をもった領域別指導に偏る傾向が見受けられた。さらに1964（昭和39）年に告示された「幼稚園教育要領」では，幼稚園修了までに幼児に指導することが望ましいねらいを示し，一部の幼稚園は，小学校の教育に近づこうとして保育内容を画一的，一斉的にとらえた。また当時の早

期教育や「お受験ブーム」に便乗して教え込み保育ややらせの保育が流行となった。それらの反省をふまえて，さらには社会状況の影響を受けて1989（平成元）年に「幼稚園教育要領」が大幅に改訂され，発達の側面から領域をとらえ5領域となり，ねらいが幼稚園修了までに育つことが期待される心情・意欲・態度として示され，一人の子どもの発達を重視した環境をとおした教育が尊重されるようになったのである。これらの変遷からも理解できるように，平成元年以降の「幼稚園教育要領」は個々の子どもの生活状況や発達段階を理解し，その子どもの興味や関心にそった環境を構成し，援助やかかわりをもって保育を展開することを就学前教育・保育の独自性としてとらえている。

　ところで幼稚園，保育所および認定こども園が，家庭の育児や保育とは異なり，集団の保育・教育の場であることは言うまでもない。保育とは，個々の子どもの活動やあそびの集合体の営みであり，その集合体である集団の力が，言い換えれば仲間関係が，相互に影響し合いながら個々の子どもの発達をうながすのである。

　とくに今回の改訂（定）での特色の一つである小学校との円滑な接続を考えるとき，個の成長・発達を十分に見守りながらも，年齢に応じた仲間との関わりや集団での生活における協調性や集団性を培うことも保育としての重要な役割である。また「幼児期の終わりまでに育ってほしい姿」にも協同性等の事項でその姿が示されている。

　保育者は「個か，集団か」という二者択一的なとらえ方をするのではなく，「その子ども個人をとおして見る集団」あるいは「集団における個人としての子どもの存在」の両者の視点から，俯瞰的にその子どもの理解を深めていかなければならない。それゆえ保育者は，一人ひとりの子どもの生育歴，保育経験年数，発達過程や年齢を総合的にとらえながら，意図的に仲間づくりやそのクラス集団をはぐくんでいかなければならないし，そこに保育を営む意義があるのである。

2——ティーム保育

　前項で個と集団について考えてみたが，ここではさらに，複数の保育者が複数の子どもたちの発達を見守り，援助していく保育の形態であるティーム保育

について考えていきたい。

　1877（明治10）年7月に東京女子師範学校附属幼稚園規則で，幼稚園のあり方の大綱が決まり，そこで5歳，4歳，3歳の年齢ごとに組を編成することが制定されて以来，日本における幼稚園の学級編成は同年齢で，一人の教師が担当する「一学級一教師」を基本とする形態が長くとられてきた。その結果小学校以上の学級王国と同様，幼稚園でのクラス担任も自分のクラスへの帰属意識が強く，「自分のクラス」といった閉じられた保育に陥り，弊害も生まれてきた。

　幼稚園におけるティーム保育は，小学校以上に導入されたティーム・ティーチング（team teaching）の流れを受けているといえる。もともとティーム・ティーチングは1960年代のアメリカのカリキュラムの現代化運動のなかで起こったものであった。1970年代後半には日本の小学校を中心に一時導入されたが，1980年中ごろに自然消滅の状態になってしまった。

　1989（平成元）年に「学習指導要領」が改訂され，新学力観が打ちだされた。さらに1998（平成10）年の「学習指導要領」の改訂では「総合的な学習」が設けられ，個を生かした授業づくりときめ細やかな学習のために，このティーム・ティーチングが再度見直された。このような小学校以上の実情に即して，2008（平成20）年告示の「幼稚園教育要領」第3章　指導計画及び教育課程に係る教育時間の終了後等に行う教育活動などの留意事項の第1の（6）で記されていた園全体での協力体制を高める工夫についての事項は，2018（平成30）年告示の改訂「幼稚園教育要領」の第1章　総則第4の（8）に移行され，次のように記されている。

　　（8）幼児の行う活動は，個人，グループ，学級全体などで多様に展開されるものであることを踏まえ，幼稚園全体の教師による協力体制を作りながら，一人一人の幼児が興味や欲求を十分に満足させるよう適正な援助を行うようにすること。

　さらに2018（平成30）年改訂「幼稚園教育要領解説」の第1章総則第4節の3　指導計画の作成上の留意事項（8）解説では，園全体の協力体制を高める工夫の方法として「ティーム保育」という表記で次のような説明が加えられている。

・幼稚園全体の協力体制を高め，きめの細かい指導の工夫を図るために，ティーム保育の導入が考えられる。
・ティーム保育は，保育の展開，学級編成，教職員の組織などの実態に応じて工夫するとともに，それぞれの教師の持ち味を生かしながら行っていくことが大切である。このようなティーム保育などによって指導方法を工夫することは，幼児の人とのかかわりや体験を一層豊かにしたり，深めたりして，一人一人の特性に応じた指導の充実を図る上で重要である。

　ティーム保育の方法は実情に応じて工夫することとともに，教師の持ち味を生かすことが強調されている。それでは「教師の持ち味」とは，何であろうか。一人ひとりの教師のもつ長所，資質，技量等を含めた保育力ともいえるであろう。ピアノが得意な保育者もいれば，壁面や製作が得意な保育者もいる。園庭で全身を使って，子どもといっしょになってあそびに夢中になれる教師がいる。その教師のよい面や長所を生かし，保育をダイナミックに展開していくハーモニーが求められるのである。そのハーモニーをつくり上げていくためには，何よりも教師間の情報や意見の交換が必要である。言い換えれば一人ひとりの幼児の発達に対する援助や指導に共通理解ができ，保育を客観的に省察できる教師間の雰囲気やコミュニケーション力が育ってこそ，初めて複数の教師が，複数の幼児の主体性を十分発揮できるような物的な環境を構成し，人的な環境として，教師集団が存在するのである。ティーム保育は，子ども一人ひとりの主体的なあそびや活動を複数の目で見守ることができることと同時に，教師側にも，子どもを見る目を養い，教師仲間とコミュニケーションを構築していく学習の場ともなりうるのである。豊かな子どもの成長発達をうながすことのできる指導方法の工夫が，今，求められているのである。

3 ── 文化の伝達としての保育文化財と情報機器の活用

（1）保育文化財

　新任1年目の秋も深まったころ，必ず何人かの卒業生が筆者のもとに訪ねてくる。この時期になると，そろそろ養成校で習得した教材やあそびが底をつき，明日の保育で何をしたらよいかわからなくなってしまう。悪く言えば，「ネタ」が尽きてしまうのである。書店の保育コーナーに並ぶ保育雑誌も，どちらかといえば「手作りおもちゃの方法」「こどもが喜ぶパネルシアター」「お誕生日会のための劇あそび」「自然物で遊ぼう」等々，保育者が飛びつきそうな保育

教材やあそびを紹介している。保育に行き詰まった保育者は，とにかく明日の保育のために，目先の保育のために，教材やあそびをかき集めようとする。しかし，その場しのぎにかき集められた教材やあそびが文化の継承としての役割を十分担うことができるかどうかは，はなはだ疑問である。

　私たち保育者は，次の世代の子どもたちに，文化を生み出し，創り出す力をはぐくむと同時に，過去から現在にいたる人類の文化遺産を引き渡していく任務が課せられている。本田（1977）は，保育にまつわる文化価値を有するものを「保育文化財」としてとらえている。文化とは，人間が学習によって社会から習得した生活のしかたの総称であり，文化価値とは，文化として一定以上の価値を認めた対象といえるであろう。それゆえ保育文化財とは，保育者が保育を営んでいくときに，文化として価値を認めた諸事情や諸事物と考えてよいであろう。本田は，「児童文化財は，文化財を子ども自身の選択によって使用できる（絵本や遊具を選択する）が，保育文化財はむしろ保育者（親）の選択により，子どもの生活とかかわりをもつものである」と述べている。笠間（2001）は，「砂場」を取り上げ，その意義を子どもの発達やあそびの観点だけではなく，保育文化財としてその価値を評価している。

　一つひとつの保育文化財の再確認を，保育者は意図的に行ない，文化の伝承の意義を認めていかなくてはいけない。ビジュアルな，仮想空間での体験が増える情報化社会に突入しようとしている今，明治初期に創設された幼稚園や保育所で長年培ってきた独自の保育文化財に目を向け，教材として活用としていくことが求められるのである。

(2) AI社会にむけて

　情報メディアはテレビ，ラジオ，新聞，雑誌等を経て，今やインターネット，電子メール，そしてSNS（Social Networking Service）と広がってきている。SNSとは人と人との社会的なつながりを提供するオンラインのサービスである。携帯電話に代わってスマートフォンがこのSNSの普及をより促進している。スマートフォンの台頭により，われわれの情報化社会も大きく変化した。スマートフォンのおかげで子育て支援の情報収集・発信等の利便性も増えてきているが，スマートフォン，タブレットで漫画や動画を1歳前後から子どもに見せるという乳幼児期の成長・発達への弊害も生まれてきている。

　21世紀の社会を生き抜くことのできる教育をめざして2020年度から新しい学習観による新「学習指導要領」が小学校から順次導入される。教師が何を，どのように教えるのかといった視点から，教育の対象者が「何を学ぶのか」「どのように学ぶのか」「何ができるようになるのか」の資質・能力の視点に転換してきている。

　これらの教育改革に多大な影響を与えているのが，2018（平成30）年6月に政府が発表した「Society 5.0」である。Society 5.0は，サイバー空間（仮想空間）とフィジカル空間（現実空間）を高度に融合させたシステムにより実現される。狩猟社会（Society 1.0），農耕社会（Society 2.0），工業社会（Society 3.0），情報社会（Society 4.0）に続く，第5番目の人間中心の社会（Society）の新たな社会をさすもので，第5期科学技術基本計画においてわが国がめざすべき未来社会の姿として初めて提唱された。これまでの情報社会（Society 4.0）では知識や情報がお互いに共有されず，それぞれの分野が分断され横断的な連携が不十分で，必要な情報の探索・分析が負担であり，リテラシー（活用能力）が必要あった。この課題に応じて「Society 5.0」で実現する社会はIoT（Internet of Things）ですべての人とモノがつながり，さまざまな知識や情報が共有され新たな価値が生まれる社会である。

　AIの出現により，必要な情報が必要な時に提供され，必要な時にロボットや自動走行車などの技術で少子高齢化，地方の過疎化，貧富の格差などの課題が克服されると示されている。

　一方AIの普及により，社会の改革（イノベーション）が進み，AIが人間の仕事に進出して，100年後には消えてしまう職業が示されている。AIは就業の形態に大きな変革をもたらし，教育業界にも多大な影響を与えている。しかしながらどんなに科学技術が進歩し，AIが一般化しても，対人援助職である保育・教育・医療・介護等の基本的に人との関わりで営まれる職務は，人で始まり，人で終わるのである。

　AI時代を迎える「Society 5.0」という新たな時代において豊かに生き，活躍する人材を育てるためには，保育所，幼稚園，学校はどうあるべきか，保育や教育はどうあるべきかなど「人が生きること」の意味をとらえながら熟考しなくてはいけない。AI等を活用するのは人である。AI等を活用する人として

求められる力を国は「文章や情報を正確に読み解き対話する力」「科学的に思考・吟味し活用する力」「価値を見つけ生み出す感性と力，好奇心・探求力」として示している。このような力を育むために，アクティブラーニング，すなわち主体的，対話的で深い学びが求められるのである。小学校教育のプログラミング学習や外国語学習のただ先取りをするような保育・幼児教育であっては，今後AI社会を生き抜くことのできる人を培うことはむずかしいであろう。保育・幼児教育で培われるみずから環境に主体的に関わり，仲間や先生とあそびを深めていく力がAI社会で求められる問題解決能力，想像力，人と物事を協力して進める協働力を培い，AI社会を生き抜いていく子どもにとっての「生きる力」の基礎となり得るのであろう。

4 節 発達に「特別なニーズ」をもつ子どもたちへの対応

1——子どもたちの「発達ニーズ」

(1) 入園式の風景から

　ある小さな幼稚園の入園式。子どもたちはクラスごとに並んで座っている。園長先生のお話が始まったころ，年中組の子どもたちの列のうしろのほうで，新入園の一人の男の子が小声で「ケーキ」がどうしたとかこうしたとか，一人でおしゃべりを始めた。立って歩いたりするわけではないが，しきりに「ケーキ」「ケーキ」と言っている。

　年中組を担任することになっている若い保育者は，そのようすを見て不安になってくる。あの子がぜんぜんお話を聞いてくれなくて，勝手に歩き回ったり部屋から出ていったりしてしまったらどうしよう。もしかしたら学級崩壊になってしまうかも……。

　しんとした入園式の最中に突然「ケーキ」「ケーキ」と一人でおしゃべりを始めた幼児を見て，経験の浅い保育者が不安を感じるのは当然だろう。しかし，この不安は，何に対する不安だろうか。自分の思いどおりの保育ができないのではないかという不安？　その「ケーキ」の子どもさえいなければ，保育がうまくいくのだろうか？

　実際，このクラスには，ちょっと落ち着きがなくてマイペースな「ケーキ」の子ども以外にも，実にいろいろな子どもたちがいる。トラブルになるとすぐ手や足を出す子，なんでも思いどおりに仕切りたがる子，ちょっとしたことですぐ泣く子，少し理解が遅いのかいつも行動が遅れ気味になる子，おとなしくめだたないが表情の乏しさが気になる子……。

　そんなふうに見ていくと，「ケーキ」の子はたまたま入園式でめだっていたというだけで，実は子どもたちの一人ひとりが，それぞれに合った特別なかかわりを必要としているのだということがわかる。保育者は，子どもたち一人ひとりの「発達ニーズ（発達に必要な援助）」を満たすことを求められるのだ。

　障害をもつ子どもを保育のなかで受けとめる場合も，その子の「発達ニーズ」に対応するという原則は，障害をもたない子どもの保育と同じである。障害ゆえに特別な配慮の必要な「特別なニーズ」もあるが，それは子どもの立場から見れば，特別でも何でもない，ただ自分が発達するうえで必要な「発達ニーズ」にすぎないのである。

　そのような原則をしっかり意識していないと，「障害をもったあの子がクラスにいなければ，もっと保育がうまくいくのに」などと，障害をもった子どもを邪魔者のようにとらえる見方に陥ってしまうことになる。これは，「すぐけんかをする乱暴なあの子がいなければ……」とか，「甘えん坊で保育者につきまとってばかりいるあの子がいなければ……」などと，保育者の思いどおりにならない子どもをクラスの邪魔者としてはじき出す発想と変わりがない。

　もちろん，障害をもった子どもの「特別なニーズ」を担任保育者が一人で満たそうとしても，すぐに限界がくる。同僚や保護者とも相談し，外部の専門家の知恵も借りながら，そして子どもたちからも助けられながら，保育を進めていくことが肝心である。

(2) 特別なニーズの判断

　障害によっては，医学的な治療や配慮が必要であったり，福祉の制度の助けを借りる必要があったり，学校に入学する際に特別な配慮が必要であったりすることも多い。このような「特別なニーズ」は，ごく幼いうちに医師の診断によって明らかになっている場合もあるだろう。また，児童相談所の児童心理司による判定を受けているという場合もあるだろう。小学校に入学する際には，

教育委員会の依頼を受けた専門家グループ「就学指導委員会」がその子どもの「特別なニーズ」を判断する。

　必要に応じてそれぞれの専門家の判断を仰ぐことになるが，保育者は，医師でも児童心理司でもない。では，保育者にとって，子どもの「特別なニーズ」の判断はどうあるべきなのだろうか。

　保育者は，日々の生活を子どもとともにする。そして，その子どもの「特別なニーズ」は，その生活のなかから立ち現われてくる。それを生活をともにしながらどのように満たしていくかを考えることが，保育者にとっては最も重要な仕事といえるだろう。

2──「特別なニーズ」をもつ子どものための制度など

(1) 福祉の制度

　障害をもつ子どものためのおもな福祉の制度には，次のようなものがある。

・障害をもつ子どものための施設や事業の利用
・自立支援医療の給付，補装具費の支給，日常生活用具の給付等
・特別児童扶養手当，障害児福祉手当の支給，ヘルパー派遣等
・保育所での障害児保育（保育士の増員），訪問支援等

　これらの制度の多くは，その利用のために，児童相談所での「判定」や医師の意見書が必要になる。「判定」を受けると，その証明として「手帳」が交付される。知的障害ではこの手帳は「療育手帳」とよばれ（一部の地域では別の名前でよばれている場合がある），知的障害の程度が記される。身体障害では，障害の部位や程度を等級で記した「身体障害者手帳」という名称である。近年では，発達障害をもつ子どもを対象に「精神障害者保健福祉手帳」が発行されることも増えてきている。これらの「手帳」が，障害をもつ人のための福祉の制度を利用する際にその利用資格を示すものとなる。

　注意欠陥多動性障害や学習障害，アスペルガー症候群のように，発達につまずきを抱えながら知的障害がない，「軽度発達障害」とよばれるタイプの子どもたちは，これらの福祉の制度の対象とされてこなかった。しかし，2005（平成17）年に発達障害者支援法が施行された。この法律では，発達障害を早期に発見することや，保育をする際に，発達障害をもつ子どもに対する配慮を

表3-4　児童を対象とする障害福祉サービスの体系

形態	サービス	内容
通所	児童発達支援	日常生活における基本的な動作の指導，知識技能の付与，集団生活への適応訓練
	医療型児童発達支援	日常生活における基本的な動作の指導，知識技能の付与，集団生活への適応訓練，治療
	放課後等デイサービス	授業の終了後や休校日に，生活能力向上のための訓練，社会との交流促進など
訪問	居宅訪問型児童発達支援	重度の障害等により外出が著しく困難な障害児の発達支援
	保育所等訪問支援	障害児に対して障害児以外の児童との集団生活への適応のための支援
入所	福祉型障害児入所施設	保護，日常生活の指導及び知識技能の付与
	医療型障害児入所施設	保護，日常生活の指導及び知識技能の付与，治療

求めている。また，都道府県が「発達障害者支援センター」を設置して診断や相談に応じるなど，支援の取り組みが始まっている。

　障害児の福祉に関する法律や制度はたびたび変更されている。2019（令和元）年時点では，およそ表3-4のようになっている。

　通所支援は，身近な地域で施設に通う児童に療育支援を行なう。訪問支援では，自宅や保育所，乳児院・児童養護施設を訪問して支援する。これらのサービスの利用にあたっては，市町村の担当窓口で手続きを行なうことになる。入所支援は，施設に入所して生活を送る児童に対して支援を行なう。入所支援の利用の手続きは，主に児童相談所が窓口となっている。

　障害児の福祉制度はこれで完成といえるものではなく，今後も変わっていく可能性がある。一般の保育所，幼稚園，認定こども園などで仕事をする保育者も，制度変更などの情報に敏感になる必要があるだろう。

（2）教育の制度

①特別支援教育

　2007（平成19）年に学校教育法が改正され，「特別支援教育」が導入された。それまでの「特殊教育」の対象は，特殊学級や，盲学校，ろう（聾）学校，養護学校に在籍している児童・生徒に限られていた。特別支援教育は，その対象を，通常学級に在籍している子どもたちにも広げたものである。その背景には，

小中学校の通常学級に在籍している軽度発達障害の子どもたちへの対応が，学校教育の課題として指摘されるようになったことがある。この制度変更で，それまでの「特殊学級」「特殊教育諸学校（盲学校，ろう学校，養護学校）」は，それぞれ「特別支援学級」「特別支援学校」と名前を変え，そこに在籍している児童・生徒の教育のほかに，通常学級に在籍している，特別な配慮の必要な児童・生徒の教育の支援も行なうことになった。特別支援学校のなかには，幼稚部を設置して，就学前の幼児を対象とした教育を行なっているところもある。

　保育所における障害児保育と比べて，幼稚園における特別支援教育は制度的な裏づけが十分でない点もある。しかし，障害をもった子どもを受け入れるのであれば，一人ひとりの子どもに必要な支援をするという特別支援教育の基本的な考え方を忘れないようにしたい。

②**就学相談**

　秋の終わりごろになると，市町村の教育委員会は，翌年の春に小学校に入学する子どもたちを対象に「就学時健康診断」を実施する。そして，その結果，入学する学校や学級について詳しい検討が必要と判断された場合に，医師，学校関係者，福祉関係者などによる「教員支援委員会」において調査と審議が行なわれる。就学先を決めるにあたっては，その子どもの保護者の意見も聞かなければならないことになっている。障害の種別や程度で機械的に入学先を決めるのではなく，必要な支援体制が学校にあるかどうか，その学校や学級で子どもの成長が期待できるかどうかなどを，総合的に判断するのである。

　保育者は，子どもの入学先について，保護者から助言を求められることがあるかもしれない。保護者や子どもとともに，入学先の候補となっている学級や学校を見学するのも一つの方法である。そのようにして情報を集めながら，子どもの「特別なニーズ」を満たす条件や，子どもが気持ちよく通うことのできる環境を選ぼうとする姿勢が，何よりもたいせつである。

(3) 保育と他機関との連携

　障害をもつ子どもの保育にあたって，外部の専門機関や専門家との連携が必要な場合は多い。

　連携が必要な場面の典型は，医療的なケアを受けている子どもを保育する場合である。たとえば，てんかんの発作を抑えるために投薬を受けている子ども

や，心臓，腎臓などの障害で運動や食事などに気をつけなければならない子ども，整形外科的な観点から特定の姿勢を維持する配慮が必要な脳性まひの子どもなどである。

　ふだんの生活のなかで何に気をつけたらよいかという医学的な知識は，これらの障害をもつ子どもの保育を進めるうえで欠かせない。それに，子どもと日常生活をともにしている保育者だからこそわかることもある。だから，可能なら，保護者と話し合って，医療機関を受診するときに保育者もいっしょに行って，医師と情報交換できるとよいだろう。

　子どもが通っていた障害児通園施設などの福祉機関との連携も，意義深い場合が多い。通園施設で仕事をしている保育士や指導員は，障害児の保育についての知識や経験をもっている。また，多くの施設では，保育士のほかに，看護師，心理士，言語聴覚士，理学療法士など，障害児の保育や訓練に必要な専門職のスタッフを置いている。専門的な立場からの助言を得られることもある。

　また，幼稚園や保育所，認定こども園に入ってくる前にはどのような保育や療育を受けてきたか，これまでどのような成長を重ねてきたか，どのような支援が効果的だったか，といった情報も，可能なかぎり集めたい。幼稚園や保育所，認定こども園で通園施設と同じ保育をすることはできないが，それでもそのような情報は，保育を組み立てるうえで大いに参考になるだろう。

　一方，子どもが小学校に入学するときには，今度は子どもを送り出す側の幼稚園や保育所，認定こども園から，小学校に情報を提供することになっている。一人ひとりの子どもについての教育・保育の記録（「幼稚園幼児指導要録」「保育所児童保育要録」「幼保連携型認定こども園園児指導要録」）に的確な情報を記載し，小学校との接続に生かすことができれば理想的である。

　2008（平成20）年の保育所保育指針と幼稚園教育要領の改定・改訂を機に，保育現場と小学校との連携を強めることが盛り込まれた。その後の2017（平成29）年の指針・要領の改定・改訂でもこの点は重視されている。幼稚園・保育所と小学校の関係者の交流の取り組みはまだ十分に広がっているとはいえない実情があり，相互理解と互いの価値観を尊重し合いながら子どものために力を合わせていく体制づくりは，これからも取り組んでいく必要がある。

　また，学校関係者から，注意欠陥多動性障害の子どもが授業中にじっと座っ

ていられないことについて，「幼稚園や保育所でしっかり指導しなかったせい
だ」などと誤解に基づいた発言が出ることも，これまでにはあった。

　幼稚園・保育所と小学校の関係者が，お互いに理解を深め，子どものことで
力を合わせる休制を整えることは，全国的に見てもまだこれからの課題である
といわなければならない。

　ところで，子どものことについて外部の機関や専門家と情報をやりとりする
際には，個人情報の最もデリケートな部分を取り扱うことになる。事前に保護
者の理解を得ることや，そこで得た情報が不必要に多くの人の目や耳にふれる
ことのないように配慮することは，保育者として当然のモラルであることを忘
れないようにしたい。

3──子どもや保護者と向き合う

　さきにも述べたように，保育者が保育のなかで子ども一人ひとりの「発達ニ
ーズ」を満たそうとするときに，ある子どもが障害児としての診断や判定を受
けているかどうかということは，本質的な問題ではない。子どもがある活動を
うまくできずに困っているというときに，障害の判定を受けている場合には助
けるが，判定を受けていなければ助けない，などと，かかわりを使い分ける保
育者はいないだろう。判定を受けていようがいまいが，その子が目の前で保育
者のかかわりを待っているという事実には違いがないからである。

　子どもの育ちに心配な点があるとき，保育者がまず取り組まなければならな
いのは，保育のなかで，その子の育ちをどのように支えていくかということで
ある。そこをおろそかにして，保護者に子どもの障害を認めさせようと説得に
エネルギーを使うのでは，本末転倒といわれてもしかたがない。

　しかし，もし，その子が児童相談所で「判定」を受けて「障害児保育」の対
象者として保育所に通うことになれば，障害児を担当するための加配の保育士
がついて，より充実した保育がすすめられるかもしれない。「判定」を受けて
手当などをもらうことになれば，保護者の経済的負担が軽くなり，保護者が子
どもと向きあう気持ちの余裕をもてるようになるかもしれない。そのように考
えてみると，保護者を説得して「判定」を受けてもらうことが，子どもの成長
にとってプラスになるという場合もあるだろう。

　そのような説得は，保護者の気持ちを考えるなら非常にデリケートなものとならざるをえない。もちろんそれは，若い保育者にとってはたいへんな重荷に感じられるだろう。園長や主任などの出番ということになるかもしれない。いずれにしても，診断や判定を受けることが本当に必要なことであれば，保護者と話し合っていかなければならない。その際には，子どもを中心にして保育者と保護者が協力し合うという，保育の原点を忘れないようにしたい。

　くり返しになるが，保育者にとってたいせつなのは，障害の有無を診断する能力ではない。障害についての一般的な知識が，保育のうえで役立てられることはあるだろう。しかし，たとえ障害をもった子どもを担当していても，子どもの「障害」にとらわれずにその「子ども」自身に目を向ける姿勢をもちたいものである。保育者がめざすべきは，障害の知識豊かな「障害の専門家」ではなく，「その子の専門家」なのである。

 研究課題

1．「泥だんご」を実際に作ってみて，その世界から見えてくることについて話し合ってみよう。
2．幼児の発達のプロセスを，写真や図を用いて一覧表にしてまとめてみよう。
3．「私が選ぶ百冊の絵本リスト（1行コメント付き）」を作成しよう。
4．（あなたが住んでいる地域の）障害をもつ子どものための取り組みや支援の状況について調べ，実際に参加してみよう。

推薦図書

●『3歳児は人生のはじまり』　天野優子　ひとなる書房
●『新しい時代の幼児教育』　小田豊・榎沢良彦（編）　有斐閣アルマ
●『子ども100年のエポック』　本田和子　フレーベル館
●『療育とはなにか』　高松鶴吉　ぶどう社

Column 3
これからの保育者に伝えたいこと Ⅲ
堀口貞子（小児科医）

　私の次女は「自閉スペクトラム症」という発達障害をもっています。次女が2歳7か月のときに診断されましたが，勤務医だった私はそれを機に一時退職し，約2年間子育てに専念することに決めました。

　次女が通った幼稚園は，いわゆる障害児保育は行なっていませんでしたが，言葉が遅く多動もある娘を，先生方は快く受け入れてくれました。私と娘は8か月間，母子通園を続けましたが，ある日「おばさん，どうして毎日来るの？」と一人の園児が問いかけました。私が返事に窮していると，翌朝，園長先生は子どもたちの前で「Cちゃんのお母さんは毎日来るので『お母さん先生』です。みんなもいっしょに遊んでいいのよ」と話してくれました。また，あるときは娘の主治医が園を訪れ，先生方と話し合いをもってくれました。そのとき一人の先生が「Cちゃんへの対応のしかたはだいたいわかりましたが，それで他の子は不公平だなって感じないのでしょうか？」と質問しました。すると主治医は「それは子どもたちがどれだけあなたを好きかによります。この年齢の子どもは，自分の大好きな先生が，これは必要なことだと信じて行なっていれば，何も不思議だとは思わないものです」と答えました。質問した先生はうなずいていました。娘はその後先生方や子どもたち，その親御さんたちにもあたたかく見守られ，驚くほどの成長を遂げ，普通小学校に入学しました。

　保育園や幼稚園時代というのは，長い長い人生の土台づくりの時期だと思います。障害をもった子どもにとって，その後にやってくるおそらく平坦ではない人生を何とか乗り越えていくためには，幼児期に親や養育者にしっかりと愛されたいせつにされた体験と記憶が必要なのだと私は思います。障害のある子どもを受け入れるときに最も必要なことは，一般的な専門知識ではないと私は考えます。（もちろんそれも必要ですが）まず，目の前のその子どもを理解しよう，好きになろうと努力することがたいせつなのではないでしょうか。

　あなたの目の前にいる子どもは，途方にくれているかもしれません。でも，そんな彼らを理解し寄り添ってくれる人がいる限り，彼らは勇気づけられ，自分をたいせつな存在だと信じ，将来に明るい展望をもつ人間に成長するのだと私は思います。そういう「思い」が，時代が変わっても保育者に最も求められているのであり，それは子どもに障害があろうとなかろうと，変わることではないのだと，私は思います。

第**4**章
家庭における子ども，
親との連携

　子育てをめぐる環境はいま，激しい勢いで移り変わろうとしている。電化製品はますますハイテクになり，暮らしは便利になっている。また1998年には男女雇用機会均等法も成立し，「男性は仕事，女性は家事・育児」から「男性も女性も　仕事と家事，育児を」という時代に入り，夫の育児参加もふえている。しかし一方では，少子化が進行し，親がわが子を虐待するという痛ましい事件もあとを絶たない。

　子どもを育てるという営みがいま家庭ではどのような状況に置かれているのか，そしてそれを支えていく保育という仕事は何が求められているのか，そこで保育者はどのように子どもや親にかかわっていくことがたいせつなのか。親と保育者の連携のあり方について考えてみよう。また，親の権利保障という観点についても考察していきたい。

1節．今日の子育ての状況

　子育てをめぐる環境はいま，どのようになってきているのだろうか。暮らしは便利になり，夫の育児参加もふえてきているという。しかし，その一方で，少子化は進行し，親がわが子を虐待するという痛ましい事件もあとを絶たない。こうした逆説的な「子育て」をめぐる現状を理解していくのが本節の試みである。子どもを育てる人たちが置かれている状況を見ていくことにより，保育に何が求められているのか，保育者はどのように子どもや親にかかわればよいのかが見えてくるものと思われる。家庭における子どもを，親と保育者が連携してどのように子育てをしていくかがいま，問われている。

1──いまの時代に子どもを育てるということ

　子どもを取り巻く場所・モノ・人々は，すべて子どもにとって「環境」である。いまの時代，便利なモノは豊富にあるが，必ずしもそれだけで環境が豊かだということにはならない。そこには子どもを愛し，たいせつにしてくれる「大人」の存在が必要である。同時に子どもを育てる親自身も環境に恵まれていることが必要である。以下では，子育てをめぐる環境に焦点をあて，「人的環境」と「物的環境」の側面からいまの時代の子育て状況を見ていくことにする。

　人的環境として，夫の存在，両親（祖父母）の存在，親しい友人・知人の存在は，子育てをする母親にとっての「アンカー（頼みの綱）」である。夫はその最も重要な子育てのパートナーである。しかし，夫が以前よりも育児に協力的になってきているとはいえ，母親が育児のほとんどを担っているのが現状である。夫は仕事で忙しく，また仕事のストレスも抱えている。夫に助けを求めたり，相談することができない環境にいる母親たちも多い。両親（祖父母）はどうであろうか。いまの時代の両親（祖父母）たちはすでに核家族の世代に育ってきた。産む子どもの数も少ない時代に入っており，早い時期に子育てが終了した。孫が生まれてからも何事にも現役であり，趣味も多彩で生涯学習にも忙しい。ようやく娘や息子が結婚し独立して家を離れたのだから，これからは自分の人生をと考えている人も少なくない。祖父母たち自身も核家族世代に育

っているため，自分たちが孫の子育てまでするという意識はあまりない。つまり，子育て中の親の意識だけでなく，祖父母の孫たちの子育てについての意識も変化してきているのである。子どもを両親（祖父母）に気兼ねして預けるより，保育所に預ける選択をとる親たちがふえている。子育てについて相談できる親しい友人・知人がいたならば，不安や孤独に陥ることなく，子育てが楽しくできるかもしれない。しかし，転勤の多い家庭では，このような人的環境を整えることがむずかしく，社会的なサポートが必要である。さまざまな状況を考えると，子育てをめぐる人的環境は，昔に比べてよくなったとはいいがたい。このような環境で孤立した育児を強いられている人がふえているというのが，いまの時代の特徴である。

　では物的環境はどうであろうか。大人が子どもに「外で遊んでいらっしゃい」と言いたくても，子どもたちだけで安心して遊ばせられるような「あいまいな」空間はいまではほとんどなくなってしまった。かつて，どこの家にもあった縁側はいまの家には見あたらず，空き地には「入ってはいけません」とばかりの柵が張られている。さらに，いまの時代は近隣とのつながりもなくなってきているので，いつどこで子どもが危険にさらされるかわからない。こうした環境では，子どもひとりでは危ないから親は子どもが行くところにすべてついていくことになり，子育てにいっそう拘束されることになる。遊具一式を備えた公園も各地域にあるが，子どもの視点にたち，あそびを創造するような場になっていないのが現状である。子ども自身が工夫や発見ができ，冒険ができ，しかも安心できる環境を備えた公園は少ない。

　以上のように，人的・物的環境を見てみると，かつてあったように親が子どもを「ほどよく」見守れる環境というのはほとんどない。こうした環境がないために，母親は一日中，子どもといっしょにいることになり，子ども1人に拘束された生活を強いられることになる。どんなに愛らしいわが子でも，もし一日中，密室環境で2人きりでいたとしたら，それは息が詰まるというものである。孤立感，社会からの疎外感，拘束感は子育てする者にとって精神衛生上，好ましいことではない。あまりのつらさに家のトイレ（家のなかで唯一ひとりでいられる避難場所）に入って泣いたという人もいる。また，子どもにとっても，このような精神状況の母親といっしょにいることはよいことではない。こ

うした環境から，親が子どもに過干渉あるいは放任という形で接してしまうことにもなりかねないのである。「公園デビュー」という言葉にもあるように，子育て仲間をつくるのもたいへんな時代である。いまの時代，親子のいる環境は孤立している。こうした状況において，保育所や幼稚園は子どもの保育や教育の場としてだけではなく，親にとって救いの場にもなっているのである。

2 ──少子化現象

少子化社会対策白書（内閣府，2019）によれば，2005年の合計特殊出生率は1.26と過去最低を記録した。子どもの価値が変化し，子どもを生むことが人生の選択肢となってきている（柏木，2001）。子どもを欲しいと願っても，現状のさまざまな社会的条件を考えれば，女性の仕事と育児の両立はいまだむずかしいのが実情である。

最近では，少子化現象に歯止めをかけようと，育児休暇制度の導入など，さまざまな制度が充実してきている。しかし，制度ができても，多様なライフスタイルにそうような利用しやすい制度となるまでにはいたっていない。

たとえば，Aさんの状況は以下のとおりである。Aさんの勤めている会社は育児休暇などの制度が充実していた。しかし，仕事はとても忙しく，子どもが熱を出して急に休みをとったり，17時退社というのは不可能に近い状況である。たとえ，育児休暇がとれたにしても，一定期間だけの代理の人材確保に周囲が苦労することを考えると気がかりでならない。短時間正社員制度もあるが，これを利用して働くには周囲に大きな負担がかかることがわかっているので，実際はこの制度を利用できる環境にはないということである。また，育児休暇がとれても，保育所への入所において，次のような問題が起きることもある。

保育所入所は4月だけとは限らないが，とくに1〜2歳児は待機児が多く，4月に合わせないと入所がむずかしいという場合がある。育児休暇制度が充実してきたとはいえ，子どもの成長のために育児休暇を利用し，家庭で子育てしようにも，年度の途中からの入所がむずかしいとなると，1歳に満たない状況で入所を申し込まざるをえず，預けるほうの都合はかなり制限された状態となる。職場で育児休暇がとれたにせよ，育児休暇の期間，子どもの生まれた月による条件，保育所の待機児童の状況，こうした複数の条件のなかでやりくりし

ながら，仕事と育児を両立させることは容易なことではない。

　外国の育児休暇制度の例として，スウェーデンをあげてみよう。スウェーデンでは，1974年に父親も視野に入れた親休暇制度が制定された。両親に対し，計450日間の育児休暇が認められている。しかし，父親があまり育児に参加しないという問題から，1994年には両親手当ての全額を受給するためには，1か月は必ず父親が育児休暇をとらなければならないことを義務づけた（白波瀬，2002）。スウェーデンでは，1970年代においてきわめて出生率が低かったが，1990年代に入り，EUで最も高い出生率を示すようになった。育児休暇が定着し，1歳児未満の保育は基本的に必要ない状況にある。また，育児休暇中の親子など，保育所に入らずに，家庭で子育てしている親子が孤立しないように，「公開保育室（öppen förskola）」を多数設置している（泉，2000）。公開保育室は1970年代に母親の育児相談室の必要から考案されたもので，今日では玩具ライブラリーを併設するなど，地域の子育て支援センターとして多様な活動を展開している。今後，わが国においても，さまざまなライフスタイルの人たちの利用事例から学び，多くの人が利用しやすい施設や育児休暇制度に改善されていくことが望まれる。

3——孤立育児，子育て不安

　子どもが生まれると，喜びもつかの間，24時間体制の子育てが始まる。子育てには喜びもあるが，初めての子育てとなると不安も大きい。また，親は子どもに合わせて一日を過ごすことになるから，いままでとはまったく違った時間や環境に置かれることになる。そのようなとき，隣近所に子育てについて気軽に話せる仲間がいれば，精神的にも安定できるし，助けを求めることもできる。しかし，転勤の多い家庭の主婦たちや，祖父母たちと遠く離れ，近くに友人もいないような人にとって，子育ては子どもと2人きりの孤独な生活の始まりである。夫が協力的であり，夫婦で子育てについて話せるのなら救われるであろうが，実情は，夫の仕事が忙しく，子育ての悩みを聞いてもらったり，受けとめてもらえず，孤立感を増している人は多い。また，社会的意識も変わってきたとはいえ，「子どもを育てるのは母親の役割だ」という社会的・心理的圧力は今日でもある。楽しく育児をこなせる人は，それなりの工夫や努力をし

ており，また周囲の環境に助けられていると考えられる。

　追い詰められ，孤立した親たちはなかなか人に助けを求めることができない。子育て自体がたいへんなことであるし，世間の目もあるので，人に助けを求めることは勇気のいることだと思われる。「だめなお母さん」と思われたくない，「こんなことで助けを求めるなんて恥だ」と感じるかもしれない。直接的に人と接し，育児情報を得ることが困難な環境では，育児雑誌やインターネットによる間接的な情報源が一役買っている。最近の育児雑誌では，いわゆる子育て情報だけではなく，子育てにまつわる悩みを匿名で載せたりして，母親たちの不安な気持ちに応えようとしている。「子育てがうまくいかないのは私だけではない」と思えることで，救われている母親たちもいる。他方で，育児雑誌による「○歳になると○○ができます」というような発達段階の情報は，不安な母親の心をあおることにつながる場合がある。子どもは多様な発達の様相を見せるのだが，自分の子どもがその枠からはずれていると，「子育てもうまくできない＝自分はだめな人間だ」という気にさえさせてしまう場合がある。

　子育てにかかわる人を少しでも支援しようと，幼稚園や保育所で「親たちの保育への参加」という試みが始まりつつある。保育者がどのように自分の子ども，あるいは他の子どもに接しているのかを直接見てもらい，親も保育に参加してもらうという試みである。このような試みは，育児への新たな視点を提供し，親たちが前向きに自分の子どもとかかわるヒントを得る機会にもつながる。具体的なかかわりを見ることは，育児雑誌などで間接的に育児について学ぶよりも親たちにとってはより大きな学びになる。保育者は子どもをケアするのみでなく，親子のかかわりをも支援することが重要になってきている。

　また，国は2019（令和元）年10月から施行された消費税率の引き上げによる財源を活用し，生涯にわたる人格形成の基礎を培う幼児教育の重要性や，子育てや教育にかかる費用負担の軽減を図る少子化対策の観点から，幼児教育・保育の無償化を開始した。20代や30代の若い世代が理想の子ども数をもたない理由として，子育てや教育にお金がかかり過ぎるからということが最大の理由となっている。すべての３〜５歳児と住民税非課税世帯の０〜２歳児が無償化の対象となっている。

4 ── 早期教育

　親はだれしも子どもに希望を託す。少しでも他の子どもより自分の子どもが何かができると安心するものである。それは，親の自尊心をも満足させるからだ。子育てが初めての人ならば，他の子どもと自分の子どもとを比較してしまうことはよくあることである。子育てに不安を感じている人なら，なおさら比較することで自分の子育てはこれでよかったのかを確かめたいだろう。ありのままのわが子を受けとめるということは，簡単なようでいながら実はとてもむずかしいことである。

　早期教育がはやる背景には，子育て＝自分のアイデンティティを満足させるメカニズムがはたらいているように思われる。子育てという営みは親となるプロセスでもあり，周囲からの目もあるから，自分の非とならぬよう，できる限りの努力をするだろう。その結果，自分の子どもには苦労はさせまいと，早期教育に専念することになる。のちの苦労をさせないために，人よりも早くから小さな苦労をさせておくのがよいと考える。「いま，がんばっておけば，あとが楽よ」と子どもにも自分にも言い聞かせる。もちろん，親自身は子どもを自分の思いどおりのレールにのせたとは思わない。「この子のために」というゆるぎない信念のもとに，子どもに早期教育を受けさせる。そして，子どもが他の子どもよりもよくできる証をもらうことで自分もまた社会的に評価されたと感じることができる。一方，子どもも親や大人の期待に応えようとする。そのような「よい子」は自己決定する機会が少ないため，親の期待に添えなくなったときの自分を肯定的に受けとめることができない。早期教育という親たちの強い期待や願いのもとで，子どもの自立が阻まれてしまうことがある。時には大人たちが立ち止まり，子ども自身の興味や関心をふり返り，子どもがみずからチャレンジしていく姿を見守ることが必要である。

5 ── 「家庭の教育力」とは

　今日，「家庭の教育力」が失われているといわれている。たしかにそのような状況も見受けられるかもしれない。しかし，これほどまでに子育てに経済的にも精神的にもエネルギーを使っている時代というのもないのではないだろう

か。「家庭でもっと教育してくださいね」と言えばすむ問題ではなさそうである。子育てをめぐる親たちのエネルギーというものは相当なものであることはまちがいなく，ともすれば，それは負のエネルギーとなって限界まできているといえよう。この限界に耐え切れなくなった人たちが，子どもを放任したり，虐待してしまうことがある。しかし，そうなる前に，子育てをする親への理解のあるあたたかなまなざしと，気軽に子育てについて語り合える身近な環境があったならば，こうした親たちもまた子育てを充実させたものにできたのではないかと感じることがある。今日の子育てをめぐる環境は，子育てへの理解やあたたかいまなざしに包まれているとはいいがたい。このような時代に対しては，何らかのしかけが必要である。たとえば，子育てをめぐり，さまざまな人が交差し，語り合える場を設けることも子育てを支援する一つのしかけである。子育てをめぐる問題をゆるやかに解きほぐし，親が子どもに対してあたたかい気持ちになれるようなほっとした空間を提供することが，家庭の教育力の回復につながると考える。

　現代の若い親たちは子ども時代をほとんど核家族で育っている。すでにきょうだいも1人とか2人とかの時代に育っているから，彼らの家族モデルはたった1つか2つのモデルしかない。親となるプロセスを学習する機会がほとんどなかった時代に育ったいまの親たちに対し，家庭の教育力がないと批判してもしかたがない。こうした時代には，多くの家庭や世代と交流し，いろいろな家族のあり方があること，さまざまな子育ての葛藤やプロセスがあることを知り，前向きに子育てに取り組める機会やしかけをつくることがたいせつであろう。子育てをめぐる自主的な試み，子育てサークルなどが各地で始まっている。そのような動きに現代の親たちの力強ささえ感じる。こうした親たちの活動を支援し，広げていくことが今後の課題である。

②節　親の状況

　前節で子育ての状況を見てきたが，その子育ての主体者である親のありようはどうなっているのだろう。この節ではさまざまな親の状況があることを理解するとともに，母性についての考え方や父親のあり方についても考えていこう。

1 ── 多様な家庭

　家庭のあり方は大きく変化したといわれている。第一次産業中心の社会では家族全員が働き手として期待され，異なる多世代がともに暮らす大家族が主流を占めていた。しかし，高度経済成長期から両親と子どもからなる核家族が標準的な家庭となり，今でも使われている夫婦と子ども2人の4人で構成される世帯のうち，仕事をしている人が世帯主である夫だけという「標準世帯」という言葉が国の統計の基準にもなってくる。高度成長期を中心に夫は外で仕事，妻は家庭で家事や育児を行なう専業主婦という生活スタイルが主流を占めるようになる。そのため，女性の労働は結婚や出産で退職して子育てに専念し，子育てが一段落すると再就職するというM字型の労働力率のカーブが描かれていた。

　現在はどうだろうか。厚生労働省雇用均等・児童家庭局（2018）の「女性労働の分析」によると，このM字カーブは残っているものの，子育て期の女性の労働力は年々上昇し，「台形に近づきつつある」と記載している。だが，「平成29年就業構造基本調査」（総務省統計局，2018）を見ると，女性の非労働力人口のうち，「出産・育児のため」に求職していない人も多く，育児と就業に大きな関連性があることがうかがえる。このように子育てをしながら働いている女性が増加しているものの，働く意欲はあっても「出産・育児」のために就業に結びついていない人が多く存在していることは，見逃せない事実であろう。意識の多様化と，現実とのギャップは大きい。

　2019（令和元）年度版の「男女共同参画白書」は「第一子出産前後に女性が就業を継続する割合も上昇している。これまでは，4割前後で推移してきたが，最新の調査では約5割へと上昇した」と指摘している。しかし，子育て中の再就職は短時間勤務を希望する人が多く，「出産・育児等を機に離職した女性の再就職等に係る調査研究事業」（三菱UFJリサーチ＆コンサルティング〔厚生労働省委託〕，2015）の結果によると，とくに正社員については希望が叶わず，パートやアルバイトで再就職している人も一定程度いるようである。このように短期間のパート勤務が多く，業種や仕事内容が希望と異なっていることが多いことは，女性のキャリア形成や自己実現のむずかしさが課題となっ

ている。

　現代の家族の特徴として一人親の増加が見られる。「平成27年国勢調査」
（総務省統計局，2017）では，平成22年と比較して5％増加している。これは
死別や離婚によるもの，未婚・非婚などさまざまな理由による。「平成28年度
全国ひとり親世帯等調査」（厚生労働省子ども家庭局，2017）によると母子世
帯になった理由は，前回調査（平成23年度）と同様に生別世帯が全体の9割
を超えて，そのうち離婚が8割程度に達している。しかし，母親自身の平均年
間就労収入は，父子世帯の父親の半分程度であり，正職員の割合は増加してい
るもののパートなどの不安定な就業形態も多く，養育費を受け取ったことがな
いと回答した母子世帯も56パーセントにのぼるなど厳しい状況にある。一方，
父子世帯は父親の帰りが遅いときの対応や食事などの家事といった別の問題を
抱えている。また，未婚の母も年々増加している。

　こうした一人親に対して，支える体制と自立に向けた施策が整えられつつあ
る。たとえば母子自立支援施設はかつては母子寮とよばれていたが，最近は配
偶者などからの暴力（ドメスティック・バイオレンス：DV）から母子を守る
シェルターの役割も期待されている。2013（平成25）年2月1日現在の児童
養護施設入所等調査によると，DVは入所理由の最大の理由になっている。

　また，父親や母親が残業や冠婚葬祭，家族の介護などで一時的に子育てが困
難なときに児童養護施設等で預かるトワイライトステイ（夜間養護等事業）や
ショートステイ（短期入所生活援助）の制度やひとり親家庭等日常生活支援事
業（日常生活支援員の派遣）等もある。

　このほかにも，病気や障害をもつ親，または病気や障害をもつ子どもの親，
双子や三つ子等の多胎児を育てる家庭，単身赴任の親，外国籍の親，若年層の
親などさまざまな事情を抱える親の生活がある。

　このように家庭や親のあり方が大きく変化するのにともない，保育ニーズも
多様化している。しかし，変わってはならないのはさまざまな困難のなかで子
どもを育てている親を支え，子どもや親の生活や人権を守っていこうとする保
育者の姿勢であろう。

2 ——母性の言説の変化

　保育士（保母）の資格は当初女性にしか認められていない資格であった。それはどうしてなのだろう。1978（昭和53）年発行の『看護学大事典』から当時の母性がどのようにとらえられていたかを見ると，母性とは「女性が生まれながらにして有する母としての天分を総称していう。女性は自己の体内で胎児を育て，分娩し，その生命を健全な人間として発達させる使命を有し，そのために身体の解剖的・生理的・機能的特徴と精神的特性をもっている」と書かれている（小倉，1978）。

　しかし，この記述にあるように女性は生まれながらにして母親になる天分をもっているのだろうか。たしかに女性にしか妊娠と出産はできないが，それに続く育児に関しては，女性のみが天分として精神的特性や使命感をもつものではない。子育ての能力は後天的に学習されるものであり，自然に備わっているものではない。ところがこの母性観は広く受け入れられ，母親こそが育児担当者としてふさわしいということで，母親だけに育児責任を押しつける時代が長く続き，現代でも強く残っているといえるだろう。

　このように母性のとらえ方が性別役割分業を推し進める理由づけとしてはたらくとともに，またいわゆる3歳児神話を広めていくことにもつながっていく。すなわち乳幼児期はたいへん重要であり，母親の手で愛情深く育てることが子どもの幸福につながる，という考え方である。その根拠となっていくのがボウルビィ（Bowlby, J.）の母子関係についての研究である。すなわち，母性的養育の重要性とその剥奪による弊害が，その後の母子関係研究の主流になっていくのである。かつて乳児保育が一般的でなかったとき，筆者の友人の園長先生が子どもの頃いち早く乳児保育を取り入れた園に入ったところ，まわりの大人に「かわいそう」と言われたことを今でも覚えている，と言われていた。

　たしかに子どもが家庭的環境のなかで健全に育つ権利のあることは「児童の権利に関する条約（子どもの権利条約）」でもうたわれており，養育者が子どもとの相互作用のなかで安心感や信頼感，自己肯定感をはぐくむ心理的特性や雰囲気として母性の重要性は変わることはない。しかし，そうした他者をいたわり慈しむ感情，そのまま相手を受け入れる心情は男性・女性を問わずにもつ

ことができることに注意しなくてはならない。

　また幼稚園教育要領や保育所保育指針の「幼児期の終わりまでに育って欲しい姿」ののなかに「道徳性・規範意識の芽生え」と記載されているように，母性とともに，ルールやきまりを教える「父性」も大事にしていかなければならない。

　母性についての考え方は，その時代や社会の影響を受けて，明確な概念をもつことはむずかしい。しかし，いま述べてきたような養育機能としての母性の重要性と，母子保健法の母性規定にみられるように妊娠や出産に際しての女性が，保健や労働，医療・福祉・心理面から保護・援助される必要性とを明確に分けて論じることが必要であろう。

3 ──父親の育児

　さきに見たように共働きの一般化にともない，子育ては父親と母親の共同責任であるという考え方が浸透してきたかに見える。しかし，2016（平成28）年の社会生活基本調査（総務省統計局，2017）によると，6歳未満の子どもをもつ夫の育児時間は49分であり，1996（平成8）年と比較すると31分増えたものの，妻の5時間45分（過去20年間では1時間2分増加）には遠く及ばない。たしかに男性の育児休業の取得者が増えつつあるとはいえ，女性と比べれば非常に少ない。男性の育児参加といっても子どもと遊ぶ，お風呂に入る，といったことが中心であろう。そのようななかで率先して育児休業をとった幼稚園教諭である筆者のかつての教え子がいる。育児休業でも，園の関係者とも連絡をとりながら，育児に奮闘している姿はとても頼もしく見えたものである。

　実際，子育て期の父親の労働時間は非常に長い。子どもがまだ起きていない時間に出勤し，寝てから帰る，そして休日は疲れて寝ている。こういう生活をしている人も多く，子どもとふれ合う時間がほとんどとれない，妻に任せるしかないという父親の本音も聞かれる。ワーク・ライフ・バランス（仕事と生活の調和）という理念は現実から大きくかけ離れており，その改善が図られなければならない。こうした現実に対して次世代育成支援対策推進法では一定の規模をもつ事業主に対し，仕事と子育ての両立を図るための雇用環境整備について行動計画を策定する義務を課している。

　これまでみてきたように，父親の育児は養育に責任をもっているというより，部分的な子育てへの参加にとどまっている。こうした育児を妻に任せるということは，女性の育児への負担感や精神的不安や不満を増し，父親が育児のたいへんさや喜びを体験できないことにつながる。それは親としての成長をさまたげることであり，結果的に家族の絆を弱めていくことにもなりかねない。

　父親も自分の能力と個性を生かして主体的に子育てにかかわることで，母親と助け合いながら子育ての価値を実感できるとともに，子どももまた父親から母親とは違った刺激と影響を受けることであろう。とくにダイナミックな遊びが得意な男性保育者はたいへん重宝されている。そういった意味からも，幼稚園や保育園にもっと男性保育者が増えてくれば，父親も参加しやすくなるのではないだろうか。

3節　子育てサポート

　子育てをサポートする仕組みにはどんなものがあるのだろうか。ここでは専門的な機関による育児相談と，住民どうしの助け合いである相互援助活動によるコミュニケーションの場づくりについて見ていこう。

1——育児相談

　子どもを育てていると気がかりなことがたくさん出てくる。たとえば友だちといっしょに遊べない，なかなか言葉が出てこないなど，どんな親でも育児には多少はとまどいや不安はつきものといえよう。それに加えて，佐々木（2001）がいうように「育児が嫌い」という母親が増えてきたのが気にかかる。それらへの対応は地域の教育センターや保健センター・発達支援センター・精神保健福祉センター，家庭児童相談室や児童相談所などの専門的相談機関のほか，児童福祉施設や幼稚園・保育園でも行なわれている。専門的相談機関ではそれぞれの部門の専門家が相談に応じる仕組みになっている。

　たとえばある保健センターでは，医療部門では小児科医，リハビリテーション部門では理学療法士または作業療法士，心理部門では臨床心理士，言語部門では言語聴覚士などが担当し，保健師や看護師・栄養士が妊産婦や1歳6か月

児健康診査（健診）や３歳児健康診査（健診）時等の相談にあたり，それぞれ連携を図りながら対応している。また，相談方法も来所相談・訪問相談のほか，電話などで気軽に相談し育児不安の解消に努めているところも多い。内容としてはそれぞれの専門領域を生かしたものが多く，たとえば保健師や看護師は体重・身長の増加，アトピーやひきつけなどの小児の保健問題，母乳・離乳食などの栄養に関する相談，医療やリハビリ部門では指示や話の内容が理解できない，緊張が強いなど身体的・知的な発達の遅れの問題などのほか，最近は母親の子育て不安の相談が多くもち込まれるという。しかし，専門機関は敷居が高いのも事実である。

　後者の児童福祉施設や幼稚園などの取り組みを見ていこう。児童福祉施設には保育所のほかに，児童館，児童養護施設，児童自立支援施設，乳児院，母子生活支援施設など多様な施設が存在するが，従来のように問題を抱えた人々を受け入れて養護を行なうだけでなく，すすんで地域の子育て支援の拠点となり，家庭の支援を行なうことが期待されている。各園では園開放などで気軽に幼稚園や保育園に子どもとともに遊びに来て，保育者と気軽に声を交わしている姿が見られる。

　これらの施設では日常の保育や養護の実践をもとに相談を行なっていることが特徴である。たとえば児童養護施設では児童家庭支援センターを併設し，児童相談所で取り扱う虐待などにいたらない育児不安や夫婦関係などの家族問題がもち込まれている。乳児院や児童養護施設は家庭の崩壊や虐待や放任などの問題から入所してくるケースが多い。こうした児童のケアと家庭の支援は密接なかかわりをもっているのである。また，保育所における保育相談では，睡眠・授乳や離乳，排泄など基本的生活習慣にかかわるものやしつけや，健康など育児方法に関するもの，そして，保育サービスや制度に関することなどの相談がもち込まれる。

　保育の場では毎日子どもの送迎などで保護者たちとかかわる機会は多く，その短い時間のなかでの会話による相談も多い。だからこそ保育所や幼稚園においては日々の保育の実践に基づいたアドバイスやカウンセリングが可能となってくるのである。また，親たちはあふれる子育ての情報のなかで必死にわが子によい環境を与えようとしている。だからこそ当面の課題の解決にとどまらず，

思春期をはじめとするさまざまなライフステージを見通してその子どもの発達段階にあわせた子育てを提案できる知識や資質も保育者に求められているのではないだろうか。そのためには，保育者はしっかりと親との信頼関係を構築しながら家庭の状況を把握するとともに，保育場面での子どものようすを観察し，親に具体的に伝えていくことが必要となってくる。

　このように今後ますます児童福祉施設や幼稚園では保育に関する相談がふえてくるであろう。常に人権に配慮し，守秘義務などの倫理を遵守するとともに，自分の経験や教育，保育の知識だけでは援助しきれないケースや問題を見誤る危険性もあることを自覚しなければならない。

2──場所・コミュニケーションの機会保障

　今日の育児不安の原因として人間関係の希薄さ，とくに夫婦や親子などの家族どうしや近隣の人々との関係があげられることが多い。このことが育児不安のほか，夫婦の不和による夫婦間暴力や別居や離婚，単身赴任，子どもへの虐待やひきこもりなど多様な形として現われている。それらは子どもの健全育成や親の精神安定の点で深刻な影響を及ぼしている。

　また，地域でも人間関係の希薄さがめだち，たとえば従来町内会や子ども会で行なわれていた夏休みのラジオ体操や盆踊りが騒音としてとらえられたり，担い手がいないなどの理由で中止に追い込まれたりするところもある。たしかに労働形態の多様化により，昼間睡眠をとらなくてはならない人もいるし，騒音のとらえ方もさまざまであろう。しかし，こうした家庭や地域の変化により，育児のストレスをためこむ人が多いのも事実である。

　さきに述べたような子育て相談にいたる以前の日常生活上での自然な助け合い・支え合いの場所や仲間，コミュニケーションの場所，そして風土づくりが子どもを健全に育成していくうえで必要不可欠ではないだろうか。言い方を換えれば，援助とか支援・指導などの一方的な方向ではなく，家族でも地域でも相互援助をしながら助け合うセルフ・ヘルプの考え方が必要であろう。そうしたセルフ・ヘルプの場所はいろいろな人に出会えるたまり場であったり，気軽に行けて自分のしたいことのできる広場であったり，自分の存在感があり，そこに行くと落ち着ける居場所であったりすることが必要であろう。何より「○

○ちゃんのお母さん」という親としての役割以外に自分として認められ，自分らしく生きられる場所，自分が育つ「育自」の場所でなくてはならない。

　相互扶助活動の場所として広まってきたのが，ファミリーサポートセンターである。このファミリーサポートセンターは地域において育児や介護の援助を受けたい人と提供したい人が会員となり，互いに助け合う組織である。当初は働く女性の支援のためにできた制度だが，現在は子どもをもつ家庭であれば利用できるようになっている。このように育児をしている人や終えた人がお互いに支え合うことは，わかりあえる部分が大きく，また，一方的な関係ではないからこそ受け入れられるのではないだろうか。

　また，保育ママ（家庭福祉員）という制度は，保育所とは異なり，家庭的な落ち着いた雰囲気のなかで一人ひとりにあわせた保育ができる乳児には適した保育形態である。各自治体ごとに異なる面はあるが，保育士や看護師などの資格をもつ保育者の家庭で少人数の子どもを預かる制度である。これはもともと「昼間里親」という名称で保育所不足を補うものであり，各自治体で独自に制度をつくってきたものだが，2008（平成20）年度から家庭的保育事業として位置づけ，児童福祉法に盛りこまれ，2009（平成21）年には家庭的保育事業ガイドラインが示された。さらに2012（平成24）年に成立した子ども・子育て関連3法にも地域型保育給付として位置づけられた。

　その他，地域子育て支援センターが各地の保育所に併設されはじめているが，前記の育児相談のほか，子育てサークルの育成やベビーシッター・家庭的保育・ファミリーサポートセンターなどの保育資源の活用，そして地域によっては在宅で育児をしている親のための親子広場，高齢者も含めた三世代交流などが行なわれている。子育てサークルは同じ年齢の子をもつ親たちが自主的にみんなで子育てをしていこうとする自助グループである。在宅で育児をしている親のための親子広場は，気軽に出入りできる空間のなかで，親たちのもつ交流，学習，情報交換などのさまざまな側面のニーズを満たす「ひろば」でなくてはならないだろう。高齢者との交流も日ごろからの自然なかかわりがあると，高齢者にとっては子どもの活力が，親や子どもにとっては高齢者の知恵や経験，包容力がプラスにはたらくことになるだろう。保育資源の活用には，前述したほかにも近所の駄菓子屋さんやおもちゃ屋さんのように自然に子どもが集まる

人や場所を見つけだして活用していく方法もある。

　そういう観点から養育支援が必要な家庭に訪問により養育に関する相談，支援等を行なう「養育支援訪問事業」や妊娠中や産後に体調が悪く家事や育児が困難になる場合，身のまわりの世話や育児を援助する「育児支援ヘルパー」の制度などをさらに発展させていき，必要なときにすぐに助けられるシステムづくりは重要であろう。たとえば，あるNPO法人では他のサービスでは対応できないとき，あらかじめ登録しておいた学生などを個別に派遣するシステムをつくっている。

　こうした地域における住民相互の育児の手助けやコミュニケーションの場があり，相談や延長保育や休日保育，病児・病後児保育，ショートステイ（一時預かり事業）などの制度が必要なときにどこでも気軽に受けられることが安心して子どもを産み，育てられる保育サポートのあり方ではないだろうか。その意味でも子育て支援のネットワークづくりが求められている。各地で設立されているNPO法人による子育てネットワークの試みは注目に値するだろう。

　また，最近コンサートや講座でも託児付きのものが多くなってきたり，子どものオムツを替えられるスペースを用意するショッピングセンターもふえてきた。そう考えると，子育てしやすい街づくりも広い意味での保育サポートといえるであろう。今，各地で大型商業施設に子育て支援センターができてきている。買い物のついでに気軽に立ち寄れることが魅力のようである。栃木県足利市の大型商業施設では「子ども図書館」を長年開設し，絵本の貸出にとどまらず，工作教室や「えいごであそぼう」などのイベントや幼稚園連合会と連携した出張幼稚園，専門店の強みを活かして「ファーストシューズの選び方」などの赤ちゃんサロンなども開催されている。また，別の商業施設では屋内遊戯場を企業と市が連携して設置して賑わっている。

 ## 節　親との関係づくり，親への支援

　近年のめまぐるしい社会状況のなか，今日ほど「幼児教育・保育」の重要性が叫ばれている時代はない。しかし一般に，幼稚園・保育所・認定こども園に通わす親からは「もっと○○を教えてほしい」とか「のびのび遊んではいるけ

ど，しっかり教育もしてほしい」などの要望が多い。

　若い保育者にとって一番最初にぶつかる壁が親との関係づくりだと思われる。これまで，子どもと遊ぶ経験はあっても，その親とかかわる経験がないのだからあたりまえである。若いみなさんのそうした不安に応えるために，現場の保育者が抱える問題とその解消の方法を具体的に考えてみよう。

1──親は保育者に何を求めているか

　親との関係づくりを考える前に，親は保育者に何を求めているかを考えてみる。第一には，「わが子がよりよく発達すること」である。親が「発達（あるいは成長）」という言葉を使うときには，能力，技術を身につける，しつけや社会性を身につけることをさすことが多い。しかし，保育者は，幼児一人ひとりの主体性と，幼児のいまの生き様を大事にしている。お互い相容れない部分があり，これが親との対立する原因になる場合もある。無論両方大事であるが，幼児期に限っていえば，後者のウエイトが大きいと考える。それを親にどう伝えていくか。それは「幼児のエピソード」をどのように伝えていくかにかかってくる。これこそが幼児とともに生活する保育者のみが可能で，ほかでは真似できないプロとしての仕事である。

　第二に，「うちの子を見て」「私の話を聞いて」という要求がある。親からの要望や相談などに，すべて応えていくのはたいへんであるが，親からの要求に耳を傾けることで親からの信頼を得ることができる。また親から出された要求は自分勝手で理不尽なこともあるが，そういう要求をするのが親である。そういう要求をせざるをえない親の状態や心境を察することが大事である。さらには，親からの要求は自分自身の保育の弱点を克服するチャンスである。親の発達観や育児観を理解し，必要であれば，それを変えていくチャンスでもある。

　第三に，親たちは「先生の人間性」を求めている。仕事へのまじめさ，時間を守る，清潔にしている，勉強している，自分の家庭を大事にしている，ポジティブである，などの姿勢を見ており，友だち関係とは違う親しみやすさを求めている。

　親と保育者はお互い支え合う関係であり，お互いに学び合う関係である。どちらかがどちらかに教え導くという縦の関係をつくるより，お互いのよさを認

めつつ，尊重し合える横の関係をつくっていくべきである。親とのコミュニケーションでは経験が大事なのはもちろんである。しかし，経験の浅い保育者には，若さ，時間や情熱，希望が多くある。これが人と接する際にはとても重要であるし，さらに付け加えれば一生懸命勉強し，謙虚に親の話を聞くことで親とのかかわりはとてもスムーズにいくはずである。

2──コミュニケーションとほどよい関係づくり

　それでは，実際の親とのコミュニケーションについて考えてみる。親たちは，孤立したなかで育児をしているケースが多くなり，自分の育児に対する評価の低さと将来への見通しの立たない不安を常に感じているようである。そのためわが子を否定的にとらえ「うちの子は何もできないんです」などと訴えてくる親が多い。そうした親には保育者は「これからいっぱいできることがあって，楽しみですね！」と返すとよい。つまり親の不安を肯定的に返してみることである。「それでいいんだよ」という安心感を与え「これからいっしょにできることをふやしていきましょう。私もお手伝いします」と付け加えるとさらにその安心感が保育者への信頼感へと変わる。つまり，ともに子どもを育てていきましょうという関係あるいは感覚を親と共有することである。

　さらに付け加えれば，まず相手のやり方を尊重し，「なるほど，お母さんのそうしたやり方も悪くはないけど，こういう方法でうまくいくこともあるんですよ」など，いったんは認め受けとめながらも，プロとしてのアイデアや考えも提案していくという方法がよい。またわからない問題にはプロとしてのプライドをいったんは捨て，親といっしょに悩み，解決の方法を探ることもたいせつである。

　親が保育のなかに入っていく幼稚園・保育所・認定こども園も多くなってきている。少子化，核家族化の親世代のことを考えると，今後もさらに親の保育参加がふえていくことが望ましい。親の保育参加の機会が増すことによって「わが子から友だち，友だちから保育者の動き」そして「他の親の子育て」へと視野も広がっていく。「どうすれば，わが子が喜ぶか」から「友だちが喜ぶ」「保育者が喜ぶ」「幼稚園・保育所・認定こども園が喜ぶ」「他の親から学ぶ」とお互いを思いやる気持ちや育て合う意識が生まれてくる。また幼稚園・保育

所・認定こども園や家庭のそれぞれのたいへんさを理解するよい機会でもある。そうした親から寄せられる地域の情報（園への協力，保育の手伝い，お祭り・イベント・地域の人材発掘・公園や自然物の情報など）が保育を豊かにし，幼児がその豊かさを生活のなかに取り入れていくことで，大きく成長し，親，地域も変わっていく。

　また最近では父親の育児参加もこれまで以上に重要視されており，そうした観点でも対応が必要である。子育てをしたいのだがどうすればよいかわからない父親もいる。そういう父親に育児参加の機会を提供していくのも幼稚園・保育所・認定こども園の役割の一つである。

3——親へ伝えていくもの

　さきにも指摘したとおり，どの親も子育てをめぐる不安や孤立を感じながら，育児をしており，そうした影響により親からはかつてないほど「多様なニーズ」が寄せられてくる。このような時代に，保育者が親とのやりとりで一番考えなければならないのは，「何を伝えるか」「どのように伝えるか」である。私たち保育者の仕事はこれにかかっているといってもよい。それをどのように具体的に伝えていくかを考えていく際に手がかりになるのは，幼児一人ひとりのエピソードである。

　ここでいうエピソードとは具体的な場面という現象ではなく，一人ひとりの個性や成長を感じる場面，また幼児が変わっていくさまを，保育者がどうとらえ，どう解釈するかをさす。

　あまり表情を変えず教師の側から離れない幼児，乱暴な言葉を使い大人を怒らせることで関係をつくろうとする幼児，きれいな花を集めるのが好きな幼児，友だちが泣いているときにそっと肩をさすってあげる幼児などのさまざまな姿。そうした「行動が意味するもの」「幼児の変化」「幼稚園・保育所・認定こども園は幼児の行為をどう見ているか」を親に伝え，「家でのようすはどうなのか」と親から聞くことにより，家庭との連携が生まれ，一人の幼児の生活が見えてくる。意識することがなければ流れ去るような日常のささやかなできごとにこそ，幼児の生活の意図が隠されており，エピソードとして取り上げていくことも多い。幼児のささやかなこだわりのなかに，幼児のその子らしさが

ある。こうしたエピソードを一人ひとりの幼児とどれだけ共有し（保育者が幼児の読み手になる），どう伝えていくか（保育者が幼児の語り手になる）が，親とのやりとりのなかでとても重要になる。

4——親とのやりとり

さて実際の情報提供の方法であるが，1つめは，保護者の送り迎えのある幼稚園や保育所・認定こども園では当然口頭で伝えることが多い。お互い顔を見ながら話し合えることで，親密度が増し，親とのやりとりもスムーズになる。ただし，登降園の時間がいっせいであれば，話し合える人数と時間には制約があり，また話の内容が未整理であれば，逆に不信感をいだかれることもある。

2つめとして連絡帳を使うケースも多い。乳児保育ではその日の体調（体温，授乳，食事，排泄）などの生活上の必要事項の確認が多い。バス通園などの幼稚園では，担任と直接話す時間が限られており，連絡帳を利用して親との連携を図ることもある。お互いの情報の内容が記録に残ることで，情報が正確に伝わり，何より子どもの成長記録として大事に保管する親も多い。ただし，親，保育者双方に時間と労力がかかる。

3つめとして電話での親とのやりとりも場合によっては有効である。子どもどうしのトラブルなどは当事者が多くいるために，電話で1対1で話し合うほうがお互いに冷静に事態に対応できる場合が多い。しかし，電話はそのコミュニケーションのしやすさから長時間になることもあり（切り上げるタイミングもむずかしい），堂々めぐりで話が進まないということもある。

これらの方法を時間や相手，状況によって使い分けていくことが重要である。また親とのやりとりでは4月から5月にかけてはとても重要な時期である。入園，進級，担任の交代などで，親，幼児，保育者ともに不安な状態であるので，お互いのパーソナリティを知ることで安心することも多い。多くの場合，春に家庭訪問が実施されるのもこうした理由からである。春先は保育者は理想に燃え，高い緊張感と集中力があるので，多少無理もできるが，その後の負担にならないよう考慮する必要がある。親から「最近ちっとも先生から連絡がない」と言われてしまっては，春先の連携が台無しである。

5──これからの親との対応

　親の価値観の多様化により，園への要求もこれまでになく多様化し，かつ強くなってきている。「もっと絵を描かせてほしい」「今日は散歩に行くには寒すぎる」「昨年は○○したのに今年はしないのか？」などなど。能力や技術を身につけさせることで親の役目を果たそうとする性急な育児，発達観も見られる。こうしたことの原因に孤立無援で育児している不安からくる過度の干渉が見受けられる。私たち保育者がよかれと思って営んでいる幼児との生活を伝えても，こちらの保育の意図を理解してもらえない場合もある。保育者と親の気持ちがすれ違いのまま，それでも幼児は生活を営んでおり，今日から明日へと時間は経過していく。親も保育者も経験のない不安から焦り悩んでしまう。

　ここではこれから増えてくるであろう，上記のような親との信頼関係の築き方や問題の解決方法，親との対応のしかたを考えていく。

　孤立無援の親は自己評価も低い。つまり自分の育児に対してだれも評価してくれないばかりか，「がんばれ」「もっとできるはず」「昔の親はもっと努力していた」などと常に追い立てられている。前述の「コミュニケーションとほどよい関係づくり」でもふれたが，「それでいいんだよ」という肯定的な評価を幼稚園・保育所・認定こども園からどんどん与えていく必要を感じる。また孤立無援の親の人間関係を広げていくためには，幼稚園・保育所・認定こども園で親の「居場所」をつくっていくという支援が重要になってくる。親の得意技を幼稚園・保育所・認定こども園で活用していき，そこから親の自己評価を高め，自信をもたせる。自分の有用感が高まれば自信もつく。園での居場所が安定してくると良好な人間関係（幼児，親，保育者との関係）が生まれ，自然と気持ちに余裕ができるはずである。気持ちの余裕は育児負担の軽減につながるものと多くの親を見て感じている。

　しかし孤立無援の親のほとんどが，自分のことを「援助を必要とする問題をもっている」と意識していない。こうした親へのかかわり方はとても慎重に行なう必要がある。親が保育者とともに問題を解決しようという意欲が出てくるまで，徐々に育児負担を軽減していきながら，親の「このままでいいんだ」という自己評価の高まりを待つべきである。

　親との信頼関係を築くのに時間がかかってしまった場合，その原因を解明して解決しようと思うはずである。しかし，不信感はほんのささいなすれ違いから起こることが多く，むしろ原因は何であれ，常に前向きな姿勢が欲しい。問題の解決を焦るあまり，その幼児や親のことばかり気にしていては保育全体のバランスを欠くこともある（気にかけている幼児に限って事件を起こすということはよくある）。時間はかかるが焦らないで誠実に親に向かっていれば好転するものである。

　そうはいうものの，親との溝が深く長くなってくるとストレスになる。ストレス発散の方法として一番効果的なのは「話す」ことである。いま抱えている問題，不満などを職場の同僚や先輩に話すだけでもすっきりするものである。しかし問題が複雑で困難な場合，解決していくヒントを導き出すにはさらに交友関係を広げていく必要がある。より専門的な相談相手を見つける，隣接する領域の友人を見つけ発想を変える，研究会，学習会などで実践を発表する（なければ自分でつくる）などで解決への糸口を見つけていきたい。

　ただし，ストレス状態なのは自分だけではなく，相手である親もそうしたストレスを抱えているはずである。筆者もある研究会で自分の実践上の困難を報告したところ「幼稚園の苦しさはとりもなおさず，そうした親の苦しさです」と指摘され，目が覚めたことがある。

　また，親との関係で問題になった理由（親どうしのトラブル，園の指導方針，虐待，育児放棄，子の障がいなど）によっては，直接親と担任が問題について話し合うことはたいへん困難な作業であり，ある程度経験のある園長や主任に対応してもらう方法もある。そのためには園長や主任への日ごろの報告，連絡，相談を欠かしてはいけない。

　このようなストレスを乗り越えたときこそ，保育者と親が大きく成長し，保育者にとってはこの仕事のやりがいを感じる瞬間でもある。

　保育の専門性とは本節の冒頭にも述べたとおり，幼児のエピソードをどれだけ親に伝えて，親を動かしていくかにある。子どもの何を取り上げ，どう伝えるか。それにより子どもの成長，発達，喜び，悲しみを共感し合い，お互いを高め合える。子育て支援がさかんなカナダの子育てテキストは「Nobody's Perfect」と謳っている。つまり，完璧な親なんていないのである。保育者と

親がお互いを高め合い，協力し合える関係をめざし，さらにその関係が折り重なり合いながら，子どもと向き合う「保育的共同体」というイメージをもち続けていきたい。

ただし，さまざまな価値観の違いにより親からも，自分の保育を評価されず報われないこともある。「それでも最後まで優しい保育者でありたい」。これが保育者の親とのかかわりでの重要なキーワードである。

5節. 親の権利擁護

21世紀の幼稚園・保育所とそこで働く幼稚園教諭・保育士には，乳幼児期の子どもの育ちを保障するプロフェッショナルとして，保護者や地域社会に積極的に社会参加し，家庭や地域の子育てを支援する役割が求められている。しかし，「さあ，支援しなさい」と言われても困るだろう。

生活に困っている家庭をどう支援するのか，親ひとりで子育てに奮闘している家庭をどう援助できるだろうか。保育者が親や地域の子育てを支援するためには，どのような原則に基づきながら，どのような制度を活用できるのかといった最低限の知識を身につけておく必要があるだろう。この節では地域や家庭を支援するための基本的な原則や社会保障の制度を見ていくことにしよう。

1─アドボカシーから見た保育者の役割

(1) アドボカシーとは何か

私たち人間は，一人ひとりが幸福を追求しながら健康で文化的に生きることを，権利として保障されている（日本国憲法第13条および25条）。しかし，社会には人として生きる権利をみずからの力だけで行使することの困難な人々が常に存在している。たとえば，「言葉」を用いて自分の要求をまわりの人に訴えることができない赤ちゃん，ハンディキャップをもつ「障害児（者)」などがそうだ。

このような，権利を行使するうえで社会的に弱い立場に置かれる人たちに代わり，個人の生きる権利を代弁し擁護する営みをアドボカシー（advocacy)という。子どもの幸せを願い日々の仕事を行なう保育者は，時として彼らの代

理となり生きる権利を守る必要があるのだ。

(2) 保育者はだれの代理となるのか

　それでは，保育者はだれの代理者となるのだろうか。

　第一に，保育者は子どもの代理人となる。子ども，とりわけ乳幼児は生きるための困難を常に抱えている。自分の命を自分ひとりの力で守るほど身体は育っていないし，人に何か訴えようとしても「言葉」で訴えることができないからだ。そこで，泣いたり，首を振ったり，顔の表情を変えてみたり，指をさしたりといった身ぶりや表情といった「声なき声」で訴えるのだが，この切実な訴えは，大人たちに理解されなかったり，暴力によって簡単に抑えられてしまう。そこで，保育者が仲立ちとなり，子どもたちの身ぶりや表情から“この子は，いまオッパイが欲しいんだな”あるいは“この子はオシメを換えてほしいんだな”などと子どもたちの要求を読みとり，子どもたちの「声なき声」を代弁することが必要になる。保育者は子どもたちとまわりの大人たちをつなげる「通訳者」となる必要があるのだ。

　第二に，保育者は子どもの親の権利を守るために，親の代理人になることが必要な場合がある。子どもに暴力をふるってしまった親のケースを考えてみよう。子どもに暴力をふるったという点では加害者とされる親も，その育ちをふり返ると，子どものころに虐待を受け，深い心の傷をしまい込んでいるケースが少なくない。このような親の場合，子どもとのかかわり方がわからずストレスを抱えてしまった結果，子どもに暴力をふるってしまう。また，核家族化した都市型社会の下では，子どもに何かあったときに相談できる近隣関係がつくりづらく，ひとりぼっちで，育児への悩みを抱えながら，密室で，子どもだけと向き合って，子育てをする親（とくに母親）が多い。孤立し，だれにも育児の相談をできないまま，もがき苦しんだ結果，ストレスの要因となる子どもに暴力をふるってしまう。つまり，一見加害者とされる親自身も，社会のなかで自分の「声なき声」を訴えることができずに追いつめられていることが多い。このような弱い立場にいる親たちが，安心して子育てができるように，親の生きる権利を擁護し，子育てを支援していくことも保育者の重要な役割である。

　私たちが生きている社会は，社会のもつ複雑性から，人が人として生きることを困難にしてしまう仕組みを必然的にもっている。このような仕組みのなか

で生きることが困難な状態に追いつめられた人を，けっして社会から排除してはならない。このような子どもや親たちは現代社会の仕組み（社会構造）によって「生活障害」を受けているととらえ直し，その障害を除去または軽減するための生活支援を提供するという視点が必要なのだ。

(3) アドボカシーを実践するうえでの6原則

　子どもが生き生きと育つことを支える。このことを仕事とする保育者が，時として子どもや親の代わりになって彼らの生きる権利を支えること（アドボカシー）が必要となることはわかったと思う。このアドボカシーを実践し子どもや親の権利を擁護するためには守らなければならない6つの原則がある。そこで，どのような原則があるのかを見てみよう。

①アドボカシーを実践するうえでは，常に利用者の最善の利益に向けて行動すべきであること

　アドボカシーの対象者は，社会的に弱い立場であることが多い。言葉で自分の気持ちを伝えられない乳児，虐待されている子ども，夫の暴力に悩む女性など，だれかの力を借りなければ自分の生きる権利を奪われてしまう人々である。だからこそ，対象者が生きるうえで，最善の利益を得られるような支援を常に考え，実践する努力をしなければならない。

②対象者の意向と指示に従って行動すること

　子どもや親の最善の利益を保障するためには，彼らがいま，何を望んでいるのかということに関心をもつ必要がある。

　とりわけ，言葉で自分の意思を伝えることができない乳児は，泣き声，表情，指さしなどといった身体表現を用いて自分の欲求を訴えることが多い。このような"言葉にならない（非言語的な）訴え"に適切に応えていく必要がある。

③対象者に対して逐一正確な情報を提供すること

　親や子どもがある状況で自分の意向を決めるためには，状況に応じた正確な情報が必要である。親であれば，子どもがどのような状態で何を求めているのか，であり，子どもであれば，この部屋においてどのようなあそびが可能なのかという，わかりやすく遊びやすい環境を設定することなどが情報を提供することにあたる。保育者は子どもとモノ，子どもと子ども，親と子どもを結びつける「コーディネーター」であり「通訳者」である。相手の状況に応じて，相

手がわかる「コトバ」で，相手が求める情報を提供することも保育者の重要な仕事なのだ。

④常に不断の努力を怠ることなく職業的能力の向上に努めること

　アドボカシーの実践はマニュアルに従っていればできるというものではない。社会の仕組みの変化にともない対象者の権利を侵害する障害も変化するし，それに応じて一人ひとりの多様な状態に応える実践が求められる。したがって，一人ひとりの利用者を支える実践を行なうためには，常に自己に磨きをかけ日々の実践から学ぶという不断の努力が必要である。このことにより，実践者自身も専門家として不断の成長をすることとなる。

⑤対象者の最善の利益にむけて，対象者に対して偏りのない行動とともに率直で主体的な助言をすること

　対象者の決定が対象者の最善の利益をそこねる可能性があるときには，アドボカシーの実践者としてその事実を誠実にかつ主体的に助言をする必要がある。ただし，このような助言が対象者にしっかりと理解されるには，保育者と対象者との間に信頼関係が築かれている必要がある。対象者の最善の利益を保障するためにも，信頼関係の確立が不可欠であることを忘れてはならない。

⑥対象者の秘密を厳守すること

　このような実践は，対象者のプライバシーにふれながら行なわざるを得ない。それゆえ，行使（アドボケイト）する過程のなかで得た対象者の秘密は必ず守られなければならない。このことが厳守されなければ，行使することによって対象者の生きる権利を奪うことになりかねないということを保育者は押さえておかなければならない。

2——不服申し立て

　みなさんは，何かを利用する際に契約したサービスを十分に受けることができず，不満を感じたという経験をしたことはないだろうか。このようなトラブルが子どもの福祉施設，教育施設で起きたとすればどうだろうか。そのことで親が不利益をこうむるばかりか，最悪の場合子どもの成長・発達に多大な影響を及ぼしかねない。そこで利用者は，契約関係にかかわる不服を申し立てる権利をもつ。これを「不服申し立て」という。

近年，不服の申し立てが多いのは，保育所への入所が拒否されたことに対する申し立てだ。不服の申し立ては，まずは園や施設の責任者である園長・施設長に，それでも解決できなかった場合は，監督責任をもつ市町村長（幼稚園の場合，教育委員会の長）に訴えることができる。それでも解決できなかった場合には訴訟を起こす場合もある。近年，オンブズマン（オンブズパーソン）制度という権利侵害を訴える機関を置く自治体も少なくないので，この場合にはオンブズマン制度を活用して不服申し立てを行なうことができる。

保育者は，利用者には不服を申し立てる権利があるということを肝に銘じながら，日々の保育が利用者の願いに応えるものになるように努力する必要があるのだ。

3 ──生活保護（公的扶助）

子どもをどんなに深く愛していても，経済的に追い込まれた状況下では，子どもを慈しみ育てることはできない。子どもが健やかに育つためには，保護者が，健康で文化的な生活をおくることができる最低限の経済的な保障がされなければならない。このことは日本国憲法第25条にも明記されている，すべての国民がもつ，「生きるための権利（生存権）」である。

もし，あなたの担当する子どもの保護者が経済的な困難に陥った場合，どうすればいいだろうか。どのような制度を活用していけばいいだろうか。この具体的な制度の一つが生活保護（公的扶助）制度だ。

生活に困窮している人に対し国民生活の健康で文化的な最低限の生活を経済的に保障する制度を公的扶助といい，一般的には生活保護とよばれている。生活保護の種類は，①生活扶助，②教育扶助，③住宅扶助，④医療扶助，⑤介護扶助，⑥出産扶助，がある（制度の具体的な中身は「社会福祉」に関するテキストを参考にしてほしい）。

ここで気をつけてほしいのは，生活保護は必ず申請をしなければ保護を受けることができないということだ。申請窓口は市町村の役場に設置されている社会福祉事務所で，そこで保護申請の手続きを行なう必要がある。この申請手続きがスムーズに行なわれればいいのだが，実際はこの申請手続きの段階で生きる権利を侵害する問題が起きている。それが「水際（ミズギワ）作戦」[*1]とよ

ばれているものだ。

　生活保護を受けるためには保護申請をするわけだが，実際には申請手続きをする前に窓口で相談をする。この相談の段階で申請すること自体をあきらめさせてしまうことを「水際作戦」とよんでいる。保護申請を相談の段階であきらめてしまう理由として，第一に書類が膨大で多岐にわたること，第二に相談時に「なぜ申請するのか，ほかに頼れるところはないのか」など，プライバシーにかかわることをしつこく聞かれることがある。なかには，夫の暴力で逃げてきた人に「その夫から生活費を送れない確認書をもらってこい」と言われたケースもある。これは相談ではなく脅しである。追いつめられ最後の頼みとして生活保護を申請にきた人のなかには，相談によって傷つけられ，生活保護申請をあきらめ，生きるために頼る場を失い餓死という悲惨な結末を迎えてしまうケースも起きている。生きる権利すら奪われるというあってはならない事件がくり返し起きているというのがわが国の現実だ。

　確認しよう。私たちは子どもの生きる権利を保障するために，保護者の生きる権利を奪うものに対して，保護者の代理人として彼らの生きる権利を行使する必要がある。しかし，利用者の側に立てば，このような生きる権利を活用することも恥（スティグマ）だと感じてしまうことも少なくない。「水際作戦」はこの感情を助長するだろう。保育者は，保護者が生活に困窮している場合，このような制度を活用することは，生存権を行使するための当然の権利であり，けっして恥ではないということを理解してほしい。また，このような制度を活用することにはさまざまな社会的な障壁があることを理解し，ともに生きる人間として制度活用を積極的に励まして（行使して）いくことを忘れないでほしい。

4──児童扶養手当

　児童扶養手当は，一人親家庭（父または母が重度の障害がある場合を含む）および，両親のいない家庭で，児童（18歳に達する日以後の最初の3月31日までの間にある者，または20歳未満で一定の障害の状態にある者）を育てて

＊1　このことの詳細は寺久保光良『「福祉」が人を殺すとき』(1988)　あけび書房や，藤藪貴治・尾藤廣喜『生活保護「ヤミの北九州方式」を糺す』(2008)あけび書房を参考にしてほしい。

いる者に支給される，日本国憲法第25条（生存権）の保障を核にした「児童の福祉の増進」を目的とした国の給付制度である。これまでは母子世帯にしか認められなかったが，2010（平成22）年より父子世帯も給付が認められるようになった。

　児童扶養手当が支給されるためには以下の条件のどれか1つを満たす必要がある。

　①父母が婚姻を解消（離婚）した児童

　②父または母が死亡した児童

　③父または母が重度の障害を有する児童

　④父または母が生死不明である児童

　⑤父または母に1年以上遺棄*²されている児童

　⑥父または母がDVによる保護命令を受けた児童

　⑦父または母が法令により1年以上拘禁されている児童

　⑧母が婚姻によらないで出産した児童

　支給月額は子どもの数によって異なり，子ども1人の場合は42,910円（2019年4月現在），2人の場合は10,140円が加算され53,050円，3人目以降は子どもが1人増えるごとに6,080円が加算されることになる（表4-1）。

　ただし，支給されるには所得制限がある。表4-2を見てほしい。所得制限も子どもの数によって変化する。父または母（本人）と子どもが1人の世帯の場合は，年間87万円未満の収入であれば，全額である42,910円が給付される。しかし，87万円を超える場合，所得に応じて切り下げられ，230万円になると

表4-1　児童扶養手当の支給額（月額）

対象児童	全額支給	一部支給（所得に応じて10円刻み）
1人目	42,910円	42,090円から10,120円
2人目	10,140円	10,130円から5,070円
3人目以降（1人につき）	6,080円	6,070円から3,040円

2019年4月現在

---

*2　ここでいう「遺棄」とは保護の断絶を意味する。具体的には，父または母が児童と同居せず，養育をまったく放棄している状態をいう。父，または母から仕送りや安否を気遣う連絡などがある場合には，児童扶養手当における遺棄には該当しない。

0円となる。年収87万円とは，月収72,500円である。とすれば，この所得制限は相当な極貧，日々の生活すら危ぶまれる生活水準でないと給付されない設定となっていることがわかるだろう。

　児童扶養手当も，生活保護と同様に市町村役場への申請手続きが必要となる。児童扶養手当の申請手続きも，生活保護申請同様複雑である。そのため申請の際，さまざまなトラブル（権利侵害）が発生する。窓口で法的に定められた書類以外のものに記入を求められたり，受給資格があるのに「あなたの場合は受けられない」といわれるケースがある。また申請者の状況によっては，プライバシーにかかわることがらを何の配慮もなく聞かれることもあり，「役所の窓口で根掘り葉掘り聞かれてとてもいやだった」という声も聞かれる。

　一人親家庭の親支援という視点に立つならば，上述した状況を理解しながら，一人でも多くの母親が児童扶養手当を受けられる支援をしたい。そのような経済的支援の一翼を担うために，「事前に必要な書類は電話で確認ができる」こと，「わからないことがあれば何回でも聞き返し，場合によっては最新の法令

表4-2　児童扶養手当の所得限度額

扶養親族等の数※1	受給者本人（全部支給）	受給者本人（一部支給）	・孤児等の養育者 ・配偶者 ・扶養義務者※2
0人	49万円未満	49万円以上192万円未満	236万円未満
1人	87万円未満	87万円以上230万円未満	274万円未満
2人	125万円未満	125万円以上268万円未満	312万円未満
3人	163万円未満	163万円以上306万円未満	350万円未満
4人	201万円未満	201万円以上344万円未満	388万円未満
5人	239万円未満	239万円以上382万円未満	426万円未満

2019年4月現在

※1　扶養親族等とは，税法上の扶養親族をいう。
※2　扶養義務者とは，受給者本人と同居または生計を同じくする直系血族（父母，祖父母，子など）及び兄弟姉妹をいう。住民票上世帯分離をしていても，生計が同一の場合には扶養義務者とみなされる。
注）扶養人数が1人増すごとに，所得制限上限額は38万円加算。

集を見せてもらいながら説明を要求することができる」こと，など＊³の情報を伝えていくことが必要である＊⁴。

5──新児童手当

　新児童手当＊⁵は，2010（平成22）年に実施された子ども手当が廃止され，その代わりに2012（平成24）年4月より実施されている制度である。子ども手当と比較しながら見てみよう（表4-3）。まず年齢によって支給額が異なっている，子ども手当の場合，子どもの年齢に限らず，中学生までであれば月額一律1万5千円が支給されていた。ところが，新児童手当の場合，3歳未満は月額1万5千円，3歳から小学校修了までの第1子と第2子は1万円，第3子は1万5千円，中学生は一律1万円と年齢や何人目の子どもかによって支給額が異なる。

　また，子ども手当にはなかった所得制限が設けられており，制限を超えると一律月額5千円になる。しかし，これも当面の間の特例措置であるので，いつ支給を切られるかわからない。この制限は世帯年収960万円を超えると適用されるが，自治体によって異なる制限額を設けているようである（表4-4）。子ども手当廃止は，震災復興の財源確保といわれているので，新児童手当は子育て世帯には負担増を強いる制度といえる。

表4-3　新児童手当と子ども手当の違い

	新児童手当	子ども手当
支給額	3歳未満は月1万5千円 3歳から小学生の第1子と第2子は月1万円 第3子以降は月1万5千円 中学生は一律1万円	一律1万5千円
所得制限	あり（表4-4の例を参照）	なし

＊3　申請にかかわる相談の際，申請者に第三者が同席することが認められている，ということも付記しておく。

＊4　子どもを理解するには，子どもを育てている親（養育者）がどのような社会状況におかれているかという巨視的（マクロ）な視点をもつことが必要である。ワーキング・プアは現代社会を把握する象徴的な問題である。湯浅誠（著）『反貧困』（2008）岩波新書，の一読を薦める。

＊5　新児童手当，現行児童手当は子ども手当以前にあった児童手当と異なるため，それとは区別するため，ここでは新児童手当と呼ぶことにする。

表4-4　児童手当　名古屋市の所得制限の例

扶養親族等の数	年収【（ ）内は所得】	給付額
0人	833.3万円以上 （630万円）	子ども一人当たり　月5,000円
1人	875.6万円以上 （668万円）	子ども一人当たり　月5,000円
2人	917万8,000円以上 （706万円）	子ども一人当たり　月5,000円
3人	960万円以上 （744万円）	子ども一人当たり　月5,000円
4人	1,002万1,000円以上 （782万円）	子ども一人当たり　月5,000円
一人親＋子ども一人 （扶養親族0人）	833.3万円以上 （622万円）	子ども一人当たり　月5,000円

注）1．扶養人員4人以降，1人増すごとに所得額は38万円加算。
　　2．この表には，社会保険料および生命保険料控除相当額として，所得から一律に控除される8万円が加えてある。
（新児童手当まとめサイト http://jidouteate.com/sinjidouteate1/syotoku.html（2019年12月5日閲覧）より）

　また，子ども手当の実施にともない，配偶者控除，扶養者控除を廃止した。この配偶者控除・扶養者控除とは，納税収入のない（少ない）配偶者や扶養者（子ども）がいる場合に所得税や住民税をその状況に応じて控除する制度であり，これが廃止されることで負担増になった世帯が多い。子ども手当導入時，内閣府は，1万3千円（導入当時）の支給が続いたまま所得税の配偶者控除が廃止されれば，専業主婦世帯の54％が負担増となり，平均で年5万円の所得が減少すると試算したことがある（産経新聞2010年9月13日）。子ども手当よりも減額となる新児童手当だが，控除については復活する動きもなく，子育て世帯に負担を強いる制度改革となってしまった。

6 ——日本の親支援制度の問題：世界で最も貧しい子育て支援

　このような日本の親支援制度は，世界的にみてどのような状況にあるのだろうか。残念ながら日本の子育て世帯は先進国のなかでも稀にみる貧しい状態にあるといわざるを得ない。表4-5は，わが国の貧困率の年次推移を示したものである。ここにあげられている相対的貧困率とは，OECD（経済協力開発機構）の基準を用いて平均値を下回り相対的に貧困だといえる人々の割合を算出したものである。日本は15.6％で，OECD加盟国35か国のなかでは，アメリカ

表4-5　貧困率の年次推移

	昭和		平成							
	60年	63	3年	6	9	12	15	18	21	24	27
	（単位：％）										
相対的貧困率	12.0	13.2	13.5	13.8	14.6	15.3	14.9	15.7	16.0	16.1	15.6
子どもの貧困率	10.9	12.9	12.8	12.2	13.4	14.4	13.7	14.2	15.7	16.3	13.9
子どもがいる現役世代	10.3	11.9	11.6	11.3	12.2	13.0	12.5	12.2	14.6	15.1	12.9
大人が1人	54.5	51.4	50.1	53.5	63.1	58.2	58.7	54.3	50.8	54.6	50.8
大人が2人以上	9.6	11.1	10.7	10.2	10.8	11.5	10.5	10.2	12.7	12.4	10.7
	（単位：万円）										
中　央　値（a）	216	227	270	289	297	274	260	254	250	244	245
貧　困　線（a/2）	108	114	135	144	149	137	130	127	125	122	122

注）1．平成6年の数値は，兵庫県を除いたものである。
　　2．平成27年の数値は，熊本県を除いたものである。
　　3．貧困率は，OECDの作成基準に基づいて算出している。
　　4．大人とは18歳以上の者，子どもとは17歳以下の者をいい，現役世帯とは世帯主が18歳以上65歳未満の
　　　　世帯をいう。
　　5．等価可処分所得金額不詳の世帯員は除く。
　　（厚生労働省統計調査　https://www.mhlw.go.jp/toukei/list/dl/seigo_g_171005.pdf（2019年11月9日閲覧））

に次ぐワースト2だった。とくに一人親世帯（表の「大人が1人」の項目50.8％）の貧困率は加盟国中一番低いという深刻な状況にある。この要因としてわが国は，子育て支援や生活保護など，人が生きるために必要な家族関係への公的支出が各国と比べ非常に低い水準であることがあげられる（図4-1）。「子どもの貧困」が問題となるのは，子どもが育つ家族の生活基盤・経済基盤が弱いことと，その貧困状態への社会的保障整備が現状に合わせた形で進んでいないからだといえる。

　児童相談所職員であった山野良一氏は，OECD調査をもとに，日本の場合，国の施策が介入する前と後では，介入後のほうが，貧困率が高くなるという驚くべき結果を示した（山野，2008；図4-2）。他国をみれば政府の介入（社会保障）は貧困率を下げることにつながっているが，日本では政府が何らかの施策を打ってもその効果はなく，逆に，貧困をより深刻なものにしている，ということになる。

　OECDは，今後，加盟諸国が豊かな経済国として発展していくためには，豊かな人材を育てるための社会的な支出（投資）を増やす必要があるとした。OECDがとくに重要視しているのは乳幼児期からの公共投資で，現状を調査し

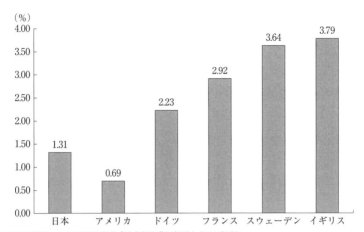

資料：国立社会保障・人口問題研究所「社会保障費用統計」（2015年度）

図4-1　世界各国の家族関係社会支出の対GDP比（2015年度）

注）1．家族関係社会支出…家族を支援するために支出される現金給付および現物給付（サービス）を計上。計
　　　上されている給付のうち，おもなものは以下のとおり（国立社会保障・人口問題研究所「社会保障費用
　　　統計」巻末参考資料より抜粋）。
　　　・児童手当：現金給付，地域子ども・子育て支援事業費
　　　・社会福祉：特別児童扶養手当，児童扶養手当，保育所運営費等
　　　・協会健保，組合健保，国保：出産育児諸費，出産育児一時金等
　　　・各種共済組合：出産費，出産手当金，育児休業手当金等
　　　・雇用保険：育児休業給付，介護休業給付等
　　　・生活保護：出産扶助，教育扶助
　　　・就学援助，就学前教育：初等中等教育等振興費，就学前教育
　　2．日本は2015年度，アメリカ，ドイツ，イギリス，フランス，スウェーデンは2013年度
　　　（内閣府HP　https://www8.cao.go.jp/shoushi/shoushika/data/gdp.html（2019年11月9日閲覧））

これからのあり方を提言した報告書（「人生の始まりこそ力強く」と訳される
"Starting Strong" という）がすでに7巻も発刊されている（初刊は2001年）。
各国の乳幼児期を豊かにすることが経済戦略としても重要なことがよくわか
る。

　図4-3は，2015年前後にOECD加盟国で乳幼児期の保育や教育にどれくら
い公的な支出が行われていたのかを各国のGDPに占める割合で示したもので
ある。これもみてわかるように，日本は加盟国中0.5％未満と，最下位層に位
置し，高水準にあるアイスランド（1.8％）やスウェーデン（1.6％）の3分の1
にも満たない。OECD加盟国やEU加盟国の平均値（0.7％）も満たせていない
状況は，乳幼児の保育や教育の公的保障の側面からみれば最後進国という現状

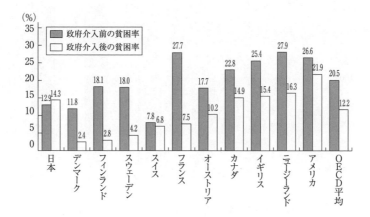

図4-2 政府の所得移転の効果（主要OECD11か国およびOECD全体の平均）
（山野，2008）

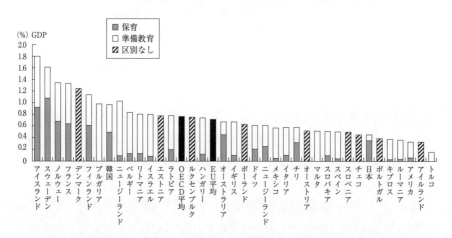

図4-3 乳幼児期の保育や教育への公的な支出が各国のGDPに占める割合（2015年または近年）
（OECD Family Database https://www.oecd.org/els/soc/PE3_1_Public_spending_on_childcare_and_early_education.pdf（2019年4月2日更新）より）

である。

　2019（平成31）年10月から開始された「幼児教育・保育の無償化」はこのような国際的な流れに追いつこうとする努力だろうが，保育園では給食が有償化されたり，トータルで子育てにかかる費用負担が増加した家庭もあったり，という矛盾が生じている。その意味で，「無償化」によって前述した山野氏の警鐘が克服できているかどうかは詳しく検証する必要がある。

　OECDは，乳幼児期の経済的負担の全体的な軽減と，乳幼児期の保育・教育の質の向上を各国に求めている。保育・幼児教育の質の向上は，保育・教育における経済的格差を是正する方向で進められる必要があり，それができなければ国の発展は期待できない。このような覚悟で乳幼児期の保育・教育の改善に臨むことがわが国にも求められているのである。

　このことは国連でも問題になり，子どもの権利委員会は，日本政府に対し，次のような懸念と勧告[6]を提出した。

　　本委員会は，2010年4月より，すべての子どもを対象とするより優れた子ども手当制度が実施されているとの情報を締約国政府との対話において得たが，この新しい措置が，ひとり親家庭，特に，母子家庭の援助のために生活保護法のもとで取られてきた措置およびその他の措置以上に，貧困のもとで暮らす人々の割合（15％）をより実効的に減少させるものであるかどうかを評価するために利用可能なデータはない。本委員会は，経済政策および財政政策（例えば，民営化政策および労働規制緩和）が，給与カット，男女間賃金格差，ならびに，子どもの保育および教育に関する私費負担の増加をもたらし，親，特に，母子家庭に影響を与えることを懸念する。
　　本委員会は，貧困の複雑な決定要因，子どもの発達に関する権利，および，ひとり親家庭を含むすべての家庭に保障されるべき生活水準に関する権利を考慮し，貧困削減戦略の策定を含めて，子どもの貧困を根絶するために適切な資源を配分することを締約国政府に勧告する。本委員会は，また，子どもの養育責任を有しているがゆえに，労働規制緩和および労働の柔軟性などの経済政策に対処することが親には困難であることを考慮すること，ならびに，提供された財政的およびその他の支援が子どもの幸福および発達に不可欠な家庭生活を保障するに足るものであるかどうかを注意深く監視することを締約国政府に要求する。

　子どもを育てるうえで，子育ての基盤である家族をどのように社会的に支援するのか。日本には大きな課題が残されているといえる。

＊6　子どもの権利委員会『条約44条に基づく政府報告審査最終所見：日本』（2010）より。なお，訳文は新潟大学准教授世取山洋介氏のものを引用した。

研究課題 ──────────────────────────────

1．子どもといっしょにいる親に話しかけてみよう。その後，どのような話題が出てきたか
　を教室で話し合ってみよう（子どもが産まれる前後で生活スタイルがどのように変化し
　たかを聞いてみよう）。
2．市販されている育児雑誌には，どのような種類があり，どんな特徴があるかを調べてみ
　よう。
3．インターネットで「子育て支援」について検索し，その情報を調べてみよう。
4．幼稚園や保育所の園便りを集めてみよう。家庭との連携を図るためにどのような工夫が
　されているのかを，話し合ってみよう。
5．自分のなかにある男性・女性のイメージをみんなで話し合ってみよう。

推薦図書 ──────────────────────────────
●『子どもという価値—少子化時代の女性の心理』 柏木惠子　中公新書
●『育てられる者から育てる者へ—関係発達の視点から』 鯨岡峻　日本放送出版協会
●『「わかるふくし」の発想』 木原孝久　ぶどう社
●『「福祉」が人を殺すとき』 寺久保光良　あけび書房
●『気になる子，気になる親』 村井美紀　大月書店
●『子育てと出会うとき』 大日向雅美　日本放送出版協会
●『保育相談＆育児相談』 伊志嶺美津子　フレーベル館
●『子どもの貧困』 阿部彩　岩波新書
●『子どもの貧困Ⅱ』 阿部彩　岩波新書

これからの保育者に伝えたいこと　Ⅳ

大場信一（社会福祉法人 北翔会 総合施設長）

　保育に対する期待は，その時代や地域によって違います。最近は，とくに子どもの虐待の問題に象徴されるように，家庭や地域の養育力・教育力の低下が叫ばれています。そのなかで，密室で長時間，孤立した育児によるさまざまな負担や不安に悩む親（おもに母親）への多様な支援が求められているのです。

　保育所等の児童福祉施設において「乳幼児が現在を最もよく生き，望ましい未来をつくり出す力の基礎を培う」ことが保育の原理とされていますが，今日は子どもの発達だけにとどまらないニーズに応えていくことが期待されています。子どもの虐待への対応についても，保育者は発見しやすい立場であるとともに日々必要な支援を行なう立場を担っており，また，地域のなかでの子育て支援活動は予防につながります。

　虐待事例について，厚生労働省『子ども虐待対応の手引き（平成21年３月改正版）』のなかでも記されていますが，主として保育所は，昼間子どもたちは家庭から離れ，同年齢集団のなかで過ごす場となっており，登園すれば昼間だけでも安全な居場所が確保され，子どもの心身の健康が保障されることになります。また，保育者が家庭での状態を日々観察できる意義は大きいのです。

　虐待されている子どもみずからが「虐待されている」と訴えてくることはほとんどなく，身体的な外傷等で明らかな場合を除くと，保育者が子どもの雰囲気やようすから虐待を発見するケースが多いです。保護者は虐待を否定し「しつけ」と言い張ることが多く時には攻撃的にもなります。確証がないための戸惑いから，まだまだ通告にいたらないケースも多く見られます。しかし，「体や衣服が常に汚れていて不潔である」「ガツガツ食べる」「保護者が迎えに来ても帰りたがらない」など，日常の保育のなかで気づいた子どものようすを児童相談所に伝え，早期対応につながったケースも多いのです。子どもの最善の利益を守るためにも，保育者に課された責務と期待は大きいでしょう。

　保育者をめざす人は，動機として「子どもが好き」ということは当然であり，子どものさまざまな行動を理解し対応するために子どもの背後にある家庭や地域にまで眼を向けていかなければならず，ソーシャル・ワークやカウンセリングマインドを兼ね備えていることが必要になってくるでしょう。地域・時代のニーズをキャッチし，子育ちと子育ての支援のために，いままで以上に必要とされる職種であることを誇りに感じ，その期待に応えてもらいたいものです。

第 5 章

地域のなかの
保育者・施設

　地域の教育力の低下が叫ばれるようになったの
は1970年代ごろからである。それは，隣近所の
子どもたちが寄り集まって遊ぶ機会が減少し，自
然発生的な「群遊び」が成立しにくくなったとい
われる時期と重なる。

　また，プライバシーの尊重という考えが強まり，
各家庭間の「相互交渉」が少なくなってきたとき，
地域の人々が地域の子どもたちを守り育てていく
という共同体としての意識も薄れていく。そして，
その盲点をついたような犯罪が頻繁に起こるよう
になってきた。

　本章では，そのような地域の実態をふまえ，意
図的に地域のコミニュケーションの活性化を図る
ことの重要性を，子育て支援センターの実践例を
とおして考えてみたい。またいま，どの家庭でも
起こりうる可能性があるといわれている児童虐待
への理解を深め，保育者として，虐待の発見，対
応をどのように行なっていくべきかを考えていき
たい。

1 節 子育ち・子育てを支える地域環境

1 ──子どもを取り巻く地域の教育力

　地域がもっていた教育力は低下し，地域で子どもが育たなくなったといわれて久しい。かつては，井戸端会議などの自然な形で生まれる地域の人とのかかわりにおいて解決することができたささいな子育ての問題についても，なかなかその解決方法が見つけられなくなってきている。古いデータだが，2005（平成17）年に文科省の委託で実施された「地域の教育力に関する実態調査」の結果（日本総合研究所，2006）からは，子育てに関して地域の人々との関係が希薄化しているようすがみてとれる（図5−1）。

　ここからは他人の関与を歓迎しない現代の風潮を強く感じる。これは母親たちが近隣の人々に助けを求めにくいことに加え，周りの人々からも援助を申し出るということがしにくい社会となっていることの表われかもしれない。

　さて，それでは実際に子育てをしている母親たちは，どのような点に子育て

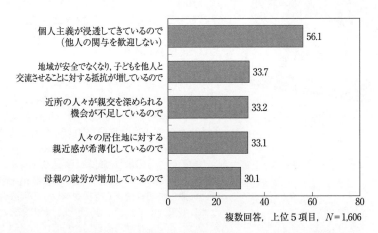

複数回答，上位5項目，*N*=1,606

図5−1　「地域の教育力」が以前に比べて低下しているおもな要因（日本総合研究所，2006）
保護者に低下の要因をたずねたところ，「個人主義が浸透してきているので」が最も高く，多くの保護者は，他人の関与を歓迎しない風潮が「地域の教育力」の低下の要因と考えていることがわかる。

の不安を感じているのだろうか。以前，2歳くらいの子どもをもった母親たちから，子育てについての悩みを聞く機会をもつことができた。この母親たちは，現在仕事をもっていない専業主婦である。彼女たちが悩みを抱えたり，ストレスを感じたりする内容は次のようなことであった。

①「自分（母親）が病気になったときの子どものケア」

　核家族の家庭にとっては重要な問題である。重い病気であれば，夫に仕事を休んでもらうのだが，休みをとるほどでもない場合がたいへんである。風邪をひいて，頭が痛かったり具合が悪かったりしても，子どもはお構いなしに騒いだりトラブルを起こしたりする。

②「外の天気が悪いときに子どもをどこへ連れて行くか」

　2歳くらいになってくると，一日中家にいるだけでは体力をもて余してしまう。天気がよければ散歩に出かけたり，公園で十分体を使って遊ぶことができるが，天気が悪いとそうはいかない。まして冬場にとても気温が下がる地域では，雪あそびはできるが，外に出る回数は必然的に減ってしまう。

③「たまには子どものことを気にせず外出したい」

　専業主婦の母親は，当然子どもたちと向かい合って一日を過ごす。父親は，朝から仕事に出かけ，夜帰宅したあとにだけ子どもと遊んだり風呂に入れたりすることが多い。そのため子どもにとっても，父親にとっても，短い時間のふれ合いが新鮮であり，それほどつらく感じることはないだろう。しかし一日顔をつきあわせている母親にとっては，子どものあそび相手は疲れることであり，子どものほうも新鮮さに欠けるかもしれない。母親としては，たまには父親のように，一定時間子どもと離れて，外食やショッピングをしたいというのが本音であろう。

　このように，保育施設に預ける前の母親たちも，切実な育児の悩みを抱えていることがわかる。ここからも，毎日子どもたちと家のなかで向き合っている母親を支えるために，親子でいっしょに通えるような子育てをサポートする施設や，毎日ではなくとも低年齢の子どもを預かってくれるようなサービスが必要なことがうかがえる。ここ最近，幼稚園では未就園児保育がさかんに行なわれるようになってきた。園では週に数度，子どもたちだけ，または子どもと母

親がいっしょに参加できるようなプログラムを用意している。これなどは，新たにつくられたサービスというよりも，もともとそれぞれの地域がもっていた幼稚園という教育資源を活用した子育て支援である。

　では「地域の教育資源」とは，どのようなことをさしているのであろうか。教育資源といえば一般的にはさまざまな能力をもった人たちと考えがちである。しかしそればかりではない。保育施設とよばれている幼稚園や保育所等もまた，地域の教育資源なのである。昔ならおばあちゃんに聞いた子育てのコツなどは，いまは保育施設のベテラン保育士によって子育ての情報を得ることができる。だからこそ，国の保育施策は，地域の子育ての拠点として保育所や幼稚園の役割を重要視しているのであろう。自然発生に頼った井戸端会議的な教育力は，たしかに低下しているかもしれないが，むしろ意図的な，専門性をもった保育者の配置によって，現代における地域の教育資源の活用が図られるのである。

2——社会的共同事業としての子育て

　「子育て」という言葉はよく聞くが，「親育て」という言葉はあまり聞いたことがない。なぜ「親育て」という言葉はないのだろう。子どもは未熟なものだからだれかが育ててあげなくてはいけないが，大人は完成したものであるから，だれも育てる必要はないと考えているからだろうか。しかし子どもといっても，すべての面において未熟なわけではない。育てられる面もあるが，実は自分自身の力で育っている部分も多くある。つまり，「子育て」と「子育ち」によって成長発達が成し遂げられているのである。その点，親も同じではないだろうか。子どもが生まれたからといっていきなり親になれるわけではないのであり，親としてはまだ未熟な状態にあるのではないか。

　第2章に引用した，なだいなだ氏の言葉にもあるように，親というのは受け身的になるものではなく，能動的に少しずつ親の役割というものを知っていくのである。だが，親は大人であり，大人に対してだれかが「親育て」をするなどとはあまり考えてはいなかったのであろう。親は勝手に育つもの，つまり「親育ち」のほうに期待をしていたのである。この考え方は，いまの時代には通用しなくなってきたのかもしれない。それは，親に対して直接的に子育ての

しかたを教えなくてはいけないということではない。社会全体として親をサポートしながら，親の役割を実際の親だけ（とりわけ母親）に負わせるのではなく，社会としてその役割を担っていくべきではないかということである。

　かつての農村部のように，大家族が一つ屋根の下で生活をしていたころには，姑や自分の母親が「親業」の先輩として，いろいろとアドバイスを与えてくれていた。家族が多かったということは，たしかにストレスも多く「嫁」にかかる負担というのが大きかったと想像されるが，大人の目は家のなかにたくさんあった。実際に筆者が幼稚園のころは，両親以外に祖父と祖母，それに父方の叔母，叔父がいっしょに生活をしており，子ども1人に対し6人の大人の目があったのである。

　とはいえ，当時から子育ての中心は母親であったのだが，たとえば母が買い物に行くなどというときには，だれかが面倒をみてくれていたのである。これだけでも，母親としては少し気持ちが楽であっただろう。現代の都市部では，夫婦と子ども1人だけという世帯が多いので，夫が仕事に出ている昼間は母親1人に対して子どもも1人。そうすると，常に母親と子どもが顔を向かい合わせていなくてはならない。母親にとっては気の休まる暇がないのである。だからこそ，母親にとって気がかりなことといえば子どものことがすべてとなり，それが過保護に向くか虐待に向くか，どちらにしてもその害を被るのは子どもということになってしまう。

　少し考えてみてもらいたい。かつて見事に子育てをしてきた母親たち（いまのおばあちゃん世代）が現代のこの状況下で子育てをすることになったとしたら，何も迷うことなく子育てをすることができるであろうか。おそらく，そうはならないのではないだろうか。昔は何かとアドバイスをくれた一世代前の親たちも，現代においては核家族化の影響で別々に暮らしており，近くには相談できる相手もいなくなっている。その結果，育児雑誌や育児本といったマニュアルに頼ることになり，マニュアルがあるからこそ，自分の子どもの成長に対して必要以上に神経質にならざるを得なくなる。これが育児ストレスの一因になっている。つまり，いまの母親たちと同じように，強い育児ストレスを感じてしまい，子育てに悩む状況が生まれるのではないだろうか。

　これは現代の母親の親としての資質の問題以上に，社会状況の急激な変化に

よる育児のしにくさということがその課題になっていると考えられる。こうなるともはや子育ての悩みは家庭や個人の努力だけで解決が図られるものではなく，社会的な問題として取り組まなければならない重要な課題となってくる。

　これらの問題意識から，本格的な少子化対策として始められた「エンゼルプラン」（1995〔平成7〕年）を皮切りに，5年ごとに「新エンゼルプラン」（2000〔平成12〕年），「子ども・子育て応援プラン」（2005〔平成17〕年），と発展的に新たな少子化・子育て支援対策が継続されてきた。2007（平成19）年には「子どもと家族を応援する日本」がスタートし，就学前の子どもたちだけでなく若者の就労支援など青年期に対するサポートも含めて実施してきた。そして2010（平成22）年1月には「子ども・子育てビジョン」が閣議決定され，2014（平成26）年までの5年間で達成すべき具体的な数値目標が掲げられた。

　2012（平成24）年成立の「子ども・子育て支援法」では第4章に「地域子ども・子育て支援事業」に関する記述がなされ，その子育て支援事業全体の質の向上がめざされた。その後，2014（平成26）年には「センター型」「ひろば型」「児童館型」に分類されていた地域子育て支援事業が「一般型」と「連携型」の2形態に整理された。「一般型」は常設の子育て拠点であり，もともとは「センター型」「ひろば型」であったものがこちらに分類された。一方「連携型」は，もとの「児童館型」から派生したもので，児童館等の児童福祉施設において週3日以上開設されることになっている。

3——地域子育て支援センターについて

　ここからは，在宅児も含めた子育て支援事業としての「地域子育て支援センター」を紹介していきたい。地域子育て支援センターは，現時点で子どもを保育施設に預けていない人たちでも，子どもと一緒に遊べる施設として室内のあそび場や園庭を開放する目的をもってつくられた施設である。ここでは埼玉県久喜市にある地域子育て支援センター「森のひろば」*1を例にとり，地域子育て支援センターの具体的な取り組みやその役割について説明していく。

---

*1　学校法人柿沼学園認定こども園こどもむら地域子育て支援センター「森のひろば」
　　http://kodomomura.ed.jp/support/forestSquare.php（2019年11月閲覧）

図5-2　地域子育て支援センター「森のひろば」

　地域子育て支援センターには，中心となる4つの役割がある。それは，①子育て親子の交流の場の提供と交流の促進，②子育て等に関する相談・援助の実施，③地域の子育て関連情報の提供，④子育ておよび子育て支援に関する講習等の実施である。これらを「森のひろば」を例に紹介していきたい。

(1)　子育て親子の交流の場の提供と交流の促進

　「森のひろば」は学校法人柿沼学園認定こども園こどもむらが運営する子育て支援センターである。森のひろばは0〜2歳児までの子どもが親とともに遊びにくることができる施設で，子どもを遊ばせながら母親がほっと一息つけるような場所をめざしている。センターにはベテランの保育士を中心にスタッフが数名おり，初めて来た母親に対しては積極的に声をかけ，親子が安心して過ごせるような場づくりを意識している。幼稚園や保育所と違い，毎日来るわけではないので，その日に出会える親子がどんな人なのかは行ってみないとわからない。そんなときは，さりげなく同じ年齢の子どもを連れている母親を紹介することで，母親同士の関係が広がっていくことも考えている。普段は家庭で過ごしている母親も，ここに来れば同年齢の子どもやその親たちと出会うことができるのである。

(2)　子育て等に関する相談・援助の実施

　母親はセンターに何度か来ているうちに，スタッフとも顔見知りになり，何気ない会話を楽しむことができるようになっていく。そんな気楽な関係から，スタッフが信頼できる保育士であることが徐々にわかってくると，母親のほうからそれとなく育児についての相談が出てくることもあるそうだ。ママ友には

なかなか聞けないような子育ての悩みも，顔見知りの保育士ならば安心して相談できることだろう。

　またセンターが提供するものとして，健康相談や栄養相談の機会も設けている。どちらもおおむね2週間に1度ほどで，看護師や栄養士が相談に応じている。専門家に話を聞けるというのは母親にとって心強い。さらに月に1度は身体測定の日があり，自宅にはないような測定器具を使って身長，体重などを測ることができ，子どもたちの成長を感じられる良い機会となっている。

(3) 地域の子育て関連情報の提供

　センターの入り口にはさまざまな子育てに関する情報が掲示されており，ここへ遊びに来ることで幅広い子育て情報を入手することができる。また，センターの入り口には近隣の農家さんが作った野菜が販売されており，晩ご飯の食材として野菜などをここで買えるというのも母親にはたいへん評判が良い。そういった楽しい気分に，子どもだけでなく母親もなれるというのがこの施設の魅力である。

　「森のひろば」と同じ建物内に「森の図書館」という施設がある。ここは親子が一緒に絵本を楽しむことのできる図書館である。らせん状の回廊になっている形状はとても素敵なデザインで，外の光をたくさん取り入れられるよう窓も大きく作られている。母親向けの本や雑誌も用意されているので，親子ともども，明るい日差しの中でゆっくりと本を楽しむことができる。

(4) 子育ておよび子育て支援に関する講習等の実施

　「森のひろば」は9時半から14時半まで利用することができるので，昼食を

図5-3　森の図書館

はさんで午後も親子で遊ぶことができる。昼食はセンター内にある相談室か外の「あそびの森」でとることになる。「あそびの森」は幼稚園の園庭とは別の緑豊かな広場で、「森のひろば」の子たちも安心して遊ぶことができる。また相談室は昼食だけでなく、母親向けのさまざまな講習会にも使われており、例えば外部からシェフを招いてのおやつ作り講座などが開かれている。相談室内にはシンクなど調理をできる設備が整えられているので、このような講座も可能となるわけである。相談室を使用していないときは、母親たちのミーティングのために貸し出すこともある。

　まだ就園していない子どもを抱える母親は、想像以上に育児ストレスが高い。そのような状況下で、近隣に子育ての相談をできる人がいなかったり、子どもを遊ばせる場所に苦労している場合はより育児ストレスも高くなってしまう。今回紹介した「森のひろば」のような地域子育て支援センターへ行くことで、子どもは楽しく遊ぶことができ、母親もリフレッシュすることができるのならば一挙両得ではないだろうか。さらに森のひろばの場合は、隣に認定こども園があるので大きな子どもたちの姿や園の保育のようすを知ることができる。このようにして少しずつ子育ての経験を積み重ねていくことが、母親としての成長を支えているのだろうと感じる。

❷節 子どもの虐待への対応

　2019（令和元）年の厚生労働省の集計（速報値）によれば、2018（平成30）年度に児童相談所が対応した虐待の相談件数は15万9,950件にのぼる。この件数は2000（平成12）年に児童虐待防止法が制定されて以降ずっと増え続けているが、とくに2013（平成25）年ころからの増加が著しい。子どもの虐待は、幼稚園や保育所、こども園などで働く保育者にとって、いつでも出会う可能性のある、人ごとではない問題となってきている。

　本節では、子どもの虐待とはどのようなものなのか、そのあらましを説明する。また、保育の現場で虐待を疑うようなケースと出会ったときの対応の原則についても確認したい。

1──子どもの虐待とは

「児童虐待の防止等に関する法律」（児童虐待防止法）では，児童への身体的虐待，性的虐待，ネグレクト，心理的虐待，の4つを虐待と定義づけている。それぞれの具体例を表5-1に示す。

表5-1　児童虐待の定義

身体的虐待	殴る，蹴る，投げ落とす，激しく揺さぶる，やけどを負わせる，溺れさせる，首を絞める，縄などにより一室に拘束する　など
性的虐待	子どもへの性的行為，性的行為を見せる，性器を触るまたは触らせる，ポルノグラフィの被写体にする　など
ネグレクト	家に閉じ込める，食事を与えない，ひどく不潔にする，自動車の中に放置する，重い病気になっても病院に連れて行かない　など
心理的虐待	言葉による脅し，無視，きょうだい間での差別的扱い，子どもの目の前で家族に対して暴力をふるう（ドメスティック・バイオレンス：DV）　など

（厚生労働省ホームページ「児童虐待の定義と現状」https://www.mhlw.go.jp/seisakunitsuite/bunya/kodomo/kodomo_kosodate/dv/about.htmlより）

　虐待の相談対応件数が近年急激に増加している背景には，子どもの目の前で暴力がふるわれる「面前DV」のケースを，警察などが心理的虐待として積極的に児童相談所に通告するようになったことがある。児童虐待防止法の制定当初は，児童虐待といえば身体的虐待のイメージが強かったが，現在では児童相談所の相談対応件数の半数以上を心理的虐待が占めるようになっている。これは，児童虐待についての認識が社会に広まって，以前には見過ごされていた虐待が表に出てくるようになってきた結果と見ることができる。

　また，2019（令和元）年の児童福祉法改正で，親などが子どもに体罰を加えることが禁止された。これにより，「しつけ」のためであっても体罰は許されなくなった。

2──虐待を発見する

(1) まず疑うことから

　身体の傷などは，虐待の徴候としてはわかりやすい。しかし，心理的虐待など，はっきりとしたしるしの残らない虐待もある。虐待に気づくためには，子どもや保護者のようすの「不自然さ」に対して敏感になる必要がある。

表5-2　虐待が心配される状況（奥山，1997より作成）

子どものようす	表情が乏しく笑顔が少ない。身長や体重がふえない。衣服や身体が常に不潔である。おびえた泣き方をする。不自然な傷がある。だれにでもべたべたと甘える。孤立する。乱暴する。激しいかんしゃくを起こす。ちょっと注意しただけで凍りついたようになってしまう。経験不足やかかわり不足と見られる発達の遅れがある。基本的な生活習慣が身についていない。食べ物をがつがつと食べたり隠れて食べたりする。親に対しておびえた態度を見せる。帰宅をいやがる。衣服を脱ぐことに異常な不安を示す。年齢にそぐわない性的な言葉や行為が見られる。他者との身体接触を異常に恐がる。
親のようす	子どもの扱いが乱暴だったり冷たかったりする。子どものことや家庭のことを話すのをいやがる。子どもの状態についての説明が不自然だったり説明の内容がころころ変わったりする。子どもの発達の問題，病気，けがなどに対応しようとしない。予防接種や検診を受けさせない。理由もなく欠席させる。
その他の状況	酒や麻薬の乱用がある。母親にも暴力を受けた傷がある。親が過去に虐待をしたことがある。近所からせっかんの声が聞こえるなどの情報がある。きょうだいが虐待を受けている。

　表5-2に，虐待の心配と関係の深い具体的状況を示した（これらの具体的な内容を「チェックリスト」としてまとめて，虐待の早期発見のために活用している自治体などもある）。これらのなかには，確実に虐待と関係があるものもあれば，それだけでは虐待を疑うしるしとしては弱いものもある。しかし，とにかく，虐待の発見は疑うことからしか始まらない。保育者の仕事は子どもを守ることである。児童虐待防止法では，虐待の確証がなくても「疑い」の段階で児童相談所に通告できることになっている。おかしいと感じたときには，何らかの行動を起こすべきであろう。

(2)　だれに相談するか

　児童福祉法には，保護すべき児童を発見したら児童相談所に通告することが，国民の義務として定められている（第25条）。さらに，児童虐待防止法は，幼稚園教諭や保育所保育士，保育教諭などを含む，子どもの現場で働く人に，虐待を早期発見する努力を求めている（第5条）。

　「この子は虐待を受けているのではないか」と感じたなら，まずは同僚や主任，園長などに相談してみよう。子どもについて，保護者について，自分の感じている不自然さを他の人も感じているようなら，自分だけの気のせいではなく何かがあると考えたほうがよい。子どもの体の傷の写真を撮ったり，不自然さを感じた状況について記録を残しておいたりするなど，いざというときに必

要な情報を確認できるようにしておくこともたいせつである。

　園長など上司が必要性を感じて情報収集をしたり，外部の専門機関と連絡をとったりしてくれるなら，それはそれでよい。しかし，同僚や上司が取り合わなくても，どうしても気になるようであれば，個人として市町村や児童相談所等に相談することも考えられる。その際には，「自分が相談したことは秘密に」と求めてもよいし，匿名でもよい。

　近年では，さまざまな機関や団体，職種の人々が虐待の対応に加わるようになっている。2022（令和4）年からは，医師，保健師，弁護士を児童相談所に配置する制度も導入される。自治体が関係機関とともに「要保護児童対策地域協議会」を設置して，虐待を受けている子どもをはじめとする要保護児童とその保護者についての情報を共有したり，支援内容を話し合ったりしていることも多い。2019（平成31）年からは，虐待のケースについて，幼稚園，保育所，認定こども園，障害児通所事業所，その他の保育施設や学校等から，出欠状況，欠席した場合の家庭からの連絡の有無や欠席理由などについて，市町村や児童相談所に1か月に1回情報提供を行なうようになった。

　虐待などについて相談窓口を設けている児童養護施設もある。また，現在では，虐待防止の活動を進めている民間団体が全国で活動しており，電話相談を実施している団体もある。たとえ自分の地域のことであっても，どこでどのような人が虐待に関してどんな活動をしているのかといった情報は，知ろうとしなければなかなか入ってこないものである。ふだんからの意識的な情報収集や人脈づくりが，いざというときに生きてくることだろう。

3——虐待の悲劇を防ぐために

　児童相談所が虐待の相談を受けて本格的に対応に乗り出した場合にも，そのケースの事情に応じてその後の経過はさまざまである。状況によっては，児童相談所による一時保護，児童養護施設への入所や里親への委託，親権喪失宣告など，法律的な手続きに基づいて保護者と子どもを引き離す場合もある。

　実際のところ，児童養護施設に入所している子どもの過半数が被虐待児であるというデータもある（筒井，2011）。とくに乳児院や児童養護施設で働く保育士や指導員は，虐待について，あるいは虐待を受けた子どもたちへの治療的

かかわりについて，不断に学んでいく必要があるだろう。

　また，過去には児童福祉施設や保育所，幼稚園や学校内での「専門家による子ども虐待」が問題になったこともあった。子どもの権利を守るということについての感覚も，しっかり磨いておきたい。

　そのような観点から，子どもに虐待から逃れる行動を自分からとれるように教えることは，子どもの権利を守るうえで重要な意味がある。近年，日本でも研修会などが開かれるようになってきたCAPプログラム（子どものための虐待防止プログラム）（Cooper, 1995）などは，その代表的なものであり，子ども向けの絵本なども出版されている。

　だが，そのような特別な虐待対策の勉強は進めながらも，まず保育者としての本分に忠実であることが，何よりもたいせつなことだろう。保育者の本分，それは，子どもや保護者にこまやかに目を向け，質の高い保育をすることだ。

　吉葉（2002）は，子どもとていねいにかかわり，子どもの成長の実感を保護者と共有していくような乳児保育の実践によって，子どもと養育者の関係が改善した例を紹介している。このことは，保護者と協力し合うよい保育を進めることをとおして，保育者が虐待の防止に貢献できるということを示している。

　子どもの虐待は，「非情な親による異常な行為」ではない（福田，2001）。「ふつう」の保護者が，本人もどうしようもないうちに，そのような悲しく苦しい状況に追い込まれてしまうことがあるのだ。その過程で子どもも傷つくのだが，保護者のほうも傷を負い，前向きに子どもと向き合う気力をなくしてしまう。しかし，その保護者をただ非難するだけでは，問題は解決しない。

　そのような苦しみのなかでも，その保護者は子育てを完全に捨ててはしまわずに，不十分，不適切であっても，子どもとのかかわりをもとうとしている部分がどこかにある。その前向きさの「芽」に保育者が共感してこそ，保育の場が保護者にとっても安心でき，励まされる場になるはずである。

　幼稚園や保育所に行けば，安心できる保育者がいる。それは，子どもにとっても保護者にとっても，とても幸せなことに違いない。

❸節 地域のなかで園・保育者が果たす役割

1——他職種の専門家とつながりをもつこと

　子どもとその保護者，そして保育者自身が生活を営んでいる地域の環境は，時代とともに変化している。その結果生じてくる保育や子育ての課題を，保育者だけの努力で受けとめようとすることは，無謀でもあり，時には不毛でさえある。

　『凍りついた瞳』（ささや・椎名，1995）というコミックをご存知だろうか。女性向けコミック雑誌に連載されて大きな反響をよんだ，子ども虐待事例のドキュメンタリーである。

　その第1話「誰も助けられなかった」は，虐待されている子どもを救おうとする努力が，地域の関係者の連携がかみ合わずに空回りしてしまった事例である。一方，第3話「逃避行」，第6話「浮気の代償」などでは，子どもを救うために，医師を核にして地域のさまざまな職種の人たちが協力態勢を組んで動くようすが描かれている。

　虐待としては重度の事例ばかりを取り上げているこのドキュメンタリーのなかには，幼稚園，保育所，こども園，児童養護施設などで働く保育者の姿はほとんど出てこない。

　だが保育者にとっても，子どもを守るために，親を支えるために，地域のさまざまな機関の専門職と力を合わせることがたいせつなのは言うまでもない。たとえば，障害をもった子どもや虐待を受けた子どもなど，特別な事情を抱えた子どもたちの場合には，保育者も，他の専門知識をもった職種の人たちとの連携の必要性を実感しやすい。

　しかし，子どもや保護者に特別な事情がなくても，保育者は，子育てを支えるたいせつな役割を担う，地域社会の一員なのである。保育者だからこそできるような，地域のなかで主体となって果たせる役割にはどのようなものがあるのだろうか。

2——地域に根ざした子育て支援

「家庭や地域の教育力が低下している」から，「幼稚園や保育所，こども園などは子育て支援の中核を担わなければならない」というのは，よくいわれることである。おそらくそれは，一般論としては正論に違いない。しかし，実際に子育て支援に取り組むにあたって具体的に何をするかは，それこそ地域の事情に合わせて，それぞれが工夫していかなければならない。

ある地方都市の保育所では，悩みを訴える在宅の母親からの電話相談があって，1985年から保育園開放事業を始めた。そこに集まってくる「子育てがたいへん」という親たちを支えるために，一時保育を始めた。さらに，一保育所だけでは限界があるということで，地元の民生委員，近隣の保育所，幼稚園，小学校，福祉施設，小児科医などと定期的に交流をもつようになった（讃岐，2000）。

そこにあるのは，「役所が子育て支援をやれというから」という受け身の姿勢ではない。子育てを担う保護者の生の声に日常的に接する保育者ならではの，保護者の悩みに応えようとする努力の結果が，そんなふうに実を結んだのである。

また，幼稚園や保育所，こども園などは親どうしがつながりをもつ場所でもある。とくに転勤などで見知らぬ土地に移り住んできたような保護者は，子どもが幼稚園や保育所，こども園などに入ることで，子育ての悩みや喜びを共有できる子育て仲間と出会うチャンスを得ることができる。

さらに，他の幼稚園や保育所，こども園などとの間で交流をもつならば，保護者どうし，子どもどうし，保育者どうしのつながりをさらに広げることもできるだろう。

幼稚園や保育所，こども園などの活動は，もちろん子どもが中心である。だが，子どものためということを考えたとき，実は，そのようにして大人たちの関係をコーディネートすることも，保育者の仕事の一つになってくるのである。

3——地域の一員として

保育者は子どもの健やかな成長を支えるための専門職である。そう考えたと

き，もちろんその第一の仕事は，子どもとかかわることに違いない。しかし，保育者は保護者と無関係なのではなく，保護者と協力しながら子育てを進めていく立場にいる。子どもは単独で存在しているのではなく，まわりの大人たち，子どもたちとのかかわりのなかで生きている。保護者が困難な問題を抱えていれば，保育者はそれを見て見ぬふりはできない。

　さらにもう一歩考えを進めてみると，どうなるか。保育者も含め，子どもも大人もみんな，その地域社会の環境のなかで生活している。幼稚園も保育所もこども園も，地域社会があるからこそ存在するし，公的な補助や保障も受けられる。

　つまり，よい保育，よい子育てを追求していけば，その営みはさらに社会的な視野と展望を必要とする「地域づくり」へと広がっていくのである。

　筆者は，ある離島の小さな保育所を訪ねたことがある。偶然のことだが，それはちょうど，その地域の神社のお祭りの日だった。20数人しかいない保育所の子どもたちは法被を着て，大人の神輿行列のうしろからついていくのだ。年長の子どもたちは子ども用のお神輿をかつぎ，年少の子は引き綱にぶら下がって歩き，ところどころでとまっては，見にきた近所の人たちの前でお遊戯を踊ってみせる。にぎやかな音楽に合わせて踊る子どもたちを，お年寄りたちが目を細めてながめていたのが印象的だった。

　そして，一通りのおひろめが終わると，子どもたちも親たちも先生たちも保育所に集まる。そこで，人々は「ご苦労さま」と談笑しながらいっしょに食事をするのだ。

　保育所の運動会は，隣にある小学校と合同で開かれるのだと聞いた。やはり地域の人たちが総出で準備を手伝い，子どもたちを応援するということだった。

　行事イコール地域づくりというわけではないが，このような地域活動は，子どもを中心にして協力し合うことで，地域の人たちがお互いの絆を確かめ合うという側面がある。つまり，地域の人々はこの保育所を中心につながって，保育所が地域の人々を元気にしているのである。これは過疎地ならではのことかもしれない。

　都市部ではまた，別の形で地域との結びつきが広げられるはずである。ある幼稚園では，老人福祉施設のお年寄りたちを定期的に園に招いて，お手玉，け

ん玉，こま回し，おはじきなどの伝承あそびを教えてもらったり，いっしょに食事をしたりしている。保育所を老人福祉施設と併設するところも出てきている。高齢者と同居する子どもが少なくなっているなかで，高齢者と交流することは，子どもの社会経験を広げることにもなるし，高齢者にとっても心の晴れる体験になることが多いようだ。

　近くの児童養護施設から通ってくる子どもがたくさんいる幼稚園，近隣の障害児通園施設との交流がある保育所，外国人が多く住んでいる地域にあるこども園などは，地域とかかわるという意味では特別な環境をもっているといってよい。保育者のかかわりしだいで，親たちが自分の子育てについて考え直すきっかけをつくったり，地域社会にさまざまな人がいるという多様性を子どもが受け入れる下地づくりができるはずである。

　しかし，高齢者との交流にしても，障害児との交流にしても，ただ保育者の思いつきでいっしょに過ごさせるだけでは，子どもたちにとって何の必然性もない。日常の保育をたいせつにして，そのなかで，子どもたちから交流を望むような気持ちが生まれてきたときに，その交流は大きな意味をもってくるのである。

4——子育てを支える地域社会をつくる

　幼稚園にしても保育所にしても，保育というのは，きわめて社会的な営みである。保育者はたとえ子どもに対して家族のように親身になれたとしても，その子どもの家族にはなれない。

　だからこそ，保育者には，子どもとの個別的，家族的な関係に埋没していくのではなく，地域社会に目を向けて，子育てを支えるために地域社会にはたらきかけることを，使命の一つとしてわきまえることが求められる。

　ある都市では，新しい公園が整備されることが決まったとき，その公園をどんな公園にするかを検討する委員を公募した。そこで，その公園予定地の近くの幼稚園に勤める幼稚園教諭が応募し，委員として活発な提案をした。

　公園が完成すれば，その教諭が勤める幼稚園の園児はその公園にしょっちゅう通うことになる。だがその教諭は，自分が保育で利用しやすい公園をつくってほしい，というような目先の利益のために委員になったわけではなかった。

子どもたちが遠くの地区からでも遊びに来たくなるような魅力的な公園にしたいという思いを，熱心に語ったのだ。

　そのような公園をたしかなイメージで提案できるのは，経験豊富な保育者ならではである。そして，委員会に参加していた地元の町内会の代表らに，子どもたちが居心地よく過ごせる場所が地域にあることのたいせつさを考えるという視点を提供したのである。

　これはかなり特別な例かもしれない。だが，日常の保育のなかでも，子どもや保育者，保護者が地域の人たちとさまざまな交流をもって，信頼関係を深めていくことは，あたたかい目で子育てを見守る地域づくりのためには欠かせないことだろう。

　しかし，一人の保育者の個人的努力，一つの幼稚園や保育所の運営の努力だけでは，子育てを支える社会への道を進んでいくことはとても困難である。

　日本では，急激な少子化の進行に対して，「子育て支援」の施策がいくつか打ち出されている。しかし，その内容は，保育所に子どもを預けやすくするということと，保育所や幼稚園を拠点にして育児相談を行なったり育児サークルを育成したりする，といった内容が中心である。まるで，「保育の専門家がんばってください」と言っているかのようだ。

　そのような施策に対して，小出（1999）は，子育てや教育の経済的負担，貧弱な住宅事情，将来の社会への不安など，少子化の原因となっている日本社会の構造的な問題への視点が欠けていると指摘している。また，本当の子育て支援のために，地域社会が共同して子どもを育てていくような人と人のつながりを築くことの必要性を強調している。最近では，子育て家庭の貧困の問題や，保護者の仕事と家庭生活のバランス（ワーク・ライフ・バランス）を考え直す必要性が指摘されているが，具体策はまだこれからである。

　そういう視点からすれば，保育者は，保護者と力を合わせて，地域の「育児共同体」をつくっていけるような政策を，国や自治体に求めていくことも必要なのかもしれない。

　保育者は，子どもの成長する喜びに共感し，その輝く笑顔に励まされながら，日々の仕事をしている。子どもと過ごす生活が本来もっているはずの楽しさを，最も実感しているのが保育者である。だから，その楽しさ，喜びを保護者や地

域社会の人々に広げていくことも，保育者のたいせつな役割といえるだろう。そして，そのためには子どもが生き生きと過ごせる地域社会，保護者が安心して子育てできる地域社会をつくるために行動することが必要になってくるのである。

 研究課題 ─────────────────────

1．子どもたちが住んでいる地域で，いつ，どこで，どのような活動や行事や祭りが行なわれているかを調べてみよう。
2．虐待に関する新聞の記事を集め，その内容について話し合ってみよう。
3．地域のボランティアやNPOの組織，行政が行なっている子育て支援の情報を集め，実際に訪問してみよう。

Book 推薦図書 ─────────────────────

●『幼児一人一人のよさと可能性を求めて』　文部省幼稚園課内・幼稚園教育研究会（編）　東洋館出版社
●『悩む力─べてる家の人びと』　斉藤道雄　みすず書房
●『凍りついた瞳が見つめるもの─被虐待児からのメッセージ』　椎名篤子（編）　集英社文庫
●『サラダボウルの国カナダ』　小出まみ・伊志嶺美津子・金田利子（編著）　ひとなる書房

Column 5
これからの保育者に伝えたいこと　Ⅴ
岡田　哲（元保育所園長）

　「あそび」って何でしょう？　乳幼児にとってあそびが重要でないという人はいないと思います。保育所・幼稚園でもあそびは大きな位置を占め，保育者は多様なあそびを取り入れながら保育を進めていきます。指導計画をつくるときに保育者は，子どもたちに，「このあそびを通じてこういった力をつけてほしい」と考えて，年齢や子どもたちのようすから適当と考えられるあそびを保育として展開していきます。

　あそびを分析してみると，多様な「学び」の要素をもっていることがわかります。保育者は，子どもを観察することや保育経験を通じて，「他者の存在に気づく」「数的認識力をはぐくむ」「手と目の協応力を高める」「身体や身体能力を自己認識する」などのあそびのもつ学びの要素に気づきます。同じあそびでも保育者が意図する学びの要素を強調して保育を展開していく力も獲得します。そして，保育者の意図に応じて子どもたちが「あそびを通じた学びの力」を獲得していく姿をみると，保育者としての自信も深まります。専門性をもった保育者として成長していく自己の姿を，好ましく感じることでしょう。

　ここに大きな落とし穴があります。子どもたちが遊ぶときに，保育者の意図が強すぎると，あそびは急速に魅力を失ってしまい，子どもたちにとっては，ノルマになってしまうからです。なぜか，あそびのもっている言葉や文章で表わせない魅力が失せてしまうのです。ノルマになってしまったあそびからは，子どもたちは離れていきます。そのときに保育者は，離れていく子どもを問題視して，強権的に押さえつけて，保育者の意図にあったあそびの展開を押しつけてしまう場合があります。もっと不幸なのは，魅力のないノルマあそびから離れていくこともできずにあそびを演じる子どもたちがいるということです。

　専門性をもった保育者としてあそびをとらえることはたいせつなことですが，同じくらいあそびを楽しむ「あそび人」としての心をもってほしいと思います。あそびの有用性にとらわれてしまうと，保育者としての魅力も失っていくように感じます。両方の感覚をバランスよくもつことがたいせつですが，これは保育者として永遠の課題でもあります。保育に行き詰まったとき，幼いときに我を忘れて遊んだ気持ちを思い出して，子どもたちと遊んでください。子どもたちは，「また，これして遊ぼうな！」と，言ってくれるでしょう。そのときに保育者になった大きな喜びを感じるでしょう。

第6章
保育者集団と職場環境づくり

　みなさんが，これから生き生きと自分らしく保育の現場で働いていくためには，どのようなことを知っておく必要があるだろうか。

　保育理論やピアノ・運動の実技，技術などは，もちろんたいせつな内容であろう。そしてそれと同じくらい保育の職場の一員として，よりよい人間関係をつくり，望ましい職場環境を整えていくための手がかりを知っておくことも重要なことである。

　本章では，さまざまな保育者の立場を理解しながら，保育者の学びのあり方と職場の人間関係づくりについて考えていきたい。また，近年の「ジェンダー」の視点から保育者の仕事や集団を見直すことにする。さらに，「保育者の権利」という問題についても考察を行ない，保育者が働く環境のあり方をとらえ直していきたい。

1節　保育者集団の一員として

1 ──初任・若手，中堅，管理職それぞれの立場において

　幼稚園・保育所では保育者の年齢はさまざまであり，それぞれの保育経験に基づく課題も異なっている。このため，お互いの課題や立場を理解して協力することが，働きがいのある職場をつくる第一歩になる。そこで保育者集団において初任・若手の保育者，中堅の保育者，管理職がどのような立場にいるのかを考えてみよう。

　初任保育者には，園の教育目標・方針，子どもやあそびの状況，保育者の仕事の流れ，保護者との関係など，その園の環境に慣れて実践に参加することが，最初の課題になる。初任や若手の保育者は，先輩からの助言と指導を受けながら，子どもの理解や保育実践に必要な基本的知識と技能を高めるとともに，他の保育者や保護者とのコミュニケーションを図る力を習得することが求められる。

　中堅の保育者は，保育の専門的な知識と技術を身につけていると考えられ，保育者集団においても指導される者から若手に助言を与える者へと立場を変えていく。園の運営や保育で同僚との連携がより重要になり，保育者集団の力が発揮されるよう導くことが求められる。また，中堅の保育者には，自分の弱点を克服していくための資質や能力を向上させていくことも課題となる。

　保育者集団のリーダーである園長は，お互いを尊重しながら協力する保育者の組織づくりと，それぞれの保育者の力量形成を支える責任者となる。園の運営だけでなく，施設・設備，在園児と教職員の危機管理，地域や関連機関との協力関係についても考えなければならない。リーダーシップをとる園長の責任は大きく，管理職として状況と課題を判断して行動することが求められている。

　とくに保育所保育指針では，施設長の責務として次の点が明記されている。すなわち，施設長としての専門性の向上に努め，保育の質および職員の専門性向上に必要な環境を確保すること，および保育所内外の研修を体系的，計画的に実施して職員の専門性の向上に努めることである。このようにして施設長は，保育所を取り巻く社会情勢などをふまえ，保育所の役割や社会的責任を遂行し

ていかなければならない。

2 ── よりよい人間関係づくり

(1) 保育者の成長を支える人間関係

　初任や若手保育者が専門的力量をのばし，よりよい実践をしていくためには，指導的な立場にある保育者の役割がとてもたいせつである。指導する保育者は，後輩の保育者に対してメンタリングする者（メンター）としての役割を担っている。メンタリングとは，「経験を積んだ専門家が新参の専門家の自立を見守り，援助すること」を意味する（岩川，1994）。メンターの保育者は，子どもの発達や実践例などの情報を学び手の保育者に与え，実践に対するふり返りをうながして，保育や子どもに対する学び手の見方やかかわり方をよりよくさせていく。また，学び手を励ますことによって，その保育者が新しい試みや課題に挑戦することを助けていく。メンタリングでは，子どもの理解，指導計画の作成，あそびの展開，保護者との接し方など，さまざまな問題をもちかけてくる学び手に対して，メンターが好意的に問題の解決を支えるという関係がもとになる。

　保育の現場では，保育者集団全体に「教える─教えられる」関係を開いていくことがたいせつである。たとえば，ベテランの保育者が若手の保育者を育てようとする責任を感じるあまり，若手への助言が厳しくなってしまう。一方で，若手の保育者は指導を真剣に受けとめているが，ベテランの要求に応えられずに落ち込んでしまっている，という場合を考えてみよう。このようなとき，第三者的な立場の保育者が両者の間に入ることは，それぞれの思いや状況をとりもって，お互いのコミュニケーションを図ることを助ける。他の保育者に自分の悩みを受けとめてもらえることによって，若手の保育者は気持ちを落ち着けて自分を責める思いをやわらげることができたり，前向きな姿勢をとりもどしたりするだろう。ベテランの保育者は，他の保育者と指導について語ることによって，若手が自分なりに努力していることや自分の要求が適切であったかをとらえ直す余裕ができる。職員室での何気ない会話で，自分の思いや気持ちを言葉にしたり相手の思いや気持ちを受けとめたりできる雰囲気をつくることは，お互いのコミュニケーションを円滑にし，開かれた人間関係をつくる土台

となる。

(2) 教師のもえつき症候群から考える

　1970年代半ばよりアメリカで医師，看護婦，ソーシャル・ワーカー，教師などの対人サービスをする専門職のもえつき症候群（バーンアウト）が問題にされはじめた。もえつき症候群には，身体的・精神的に仕事に疲れはてた結果，対象者に対する消極的な対応，無責任，仕事を辞めたがるなどの症状が見られる。教師のもえつき症候群は，その要因として多忙化（子どもの学習と教育内容，いじめや不登校の問題，クラブ活動や進路指導などの増加，父母の期待や批判への対応など）があげられる。しかし，教師の多忙化が「もえつき」を直接引き起こすというよりも，むしろ学校職場や教育実践のあり方と「もえつき」との関連が指摘されている。最近では，保育者のもえつき症候群の報告もあるため，この問題から保育の現場における職場のあり方を考えよう。

　教師のもえつき症候群の研究によると，民主的な職員会議をもつ学校の多くが，教師たちが集まって楽しく話をしたり，子どものことを語れる職場の雰囲気をつくっており，校長の意思伝達機関でしかない職員会議をもつ学校よりも教師のバーンアウト度が低い（大阪教育文化センター教師の多忙化調査研究会，1996）。このことから保育の現場においても，会合で自由に発言できる雰囲気をつくり，保育の仕事や目標などを決めるのに，みずからの意思を反映させることができるようにしたい。また，それぞれの保育者がみずからの判断で仕事する自律性を，お互いが尊重し合うこともよい職場関係づくりの条件となる。このとき，自分の利益や管理を優先させ人にかまわずに独走する管理職のタイプよりも，職員の意思を受けとめて民主的に運営する管理職のタイプのほうが，やりがいのある保育の職場を生む。

　保育者は，保育の理想と現実のはざまでゆらぎながら，子どもの成長に喜びや充実感をあじわう一方で，みずからのふるまいや人間関係を反省し，時には自責するなかで仕事をする。保育者には，子どもの理解や保育の内容・方法，子ども・保護者との関係づくりなど，あらゆる面で同僚の保育者と支え合い，教え合うことがたいせつである。保育の職場環境で人間関係をよくしていくことは，忙しいなかで保育者がもえつきてしまわずに，生き生きと保育実践をすることにつながっていく。

3──保育者の学びと研修の機会

（1）　保育者の学びの機会

　保育者の学びの機会を大きく2つに分けて考えてみよう。一つは，子どもたちの帰ったあとに，それぞれの保育者が，その日の保育や子どもの活動などをふり返るときに生じる学びの機会である。一人ひとりの子どもの興味や行動の理解，環境づくり，指導や援助はどうだったか，指導計画と実際の保育とのズレが生じた理由は何かなどを考えながら，子どもや保育に対する自分の見方をとらえ直していく。このように保育者の省察する過程には，子どもの発達や保育者の役割，子どもと保育者の関係などに対する新たな発見や気づきがある。保育者は，みずからの発見や気づきをもとに他の保育者と保育の意見を交換したり，教育学や心理学の理論を参考にしたりして，子どもや保育への理解を深め，保育の実践的な知識を身につけていく。

　もう一つ，保育者が学ぶ場としては，子どもの理解や保育の知識と技能を高め，園の運営に資する能力を身につける目的で，組織的になされる研修がある。保育者の研修には，

　①園外研修：日常の保育や職場を離れた園外の施設で年齢や経験に応じて行なわれる

　②園内研修：園内で日々の実践や運営を取り上げて，小人数またはすべての保育者が参加する

　③自主的研修：保育者自身が自主的に地域の活動や講習会，勉強会に参加する

がある。ここでは園外研修と園内研修について見てみよう。

（2）　園外研修

　園外研修には，幼稚園教員の場合，次のような研修の機会がある。初任者に対する基礎的な研修，中堅者に対する高度な専門性にかかわる研修，園長等に対する指導力を向上させる研修，経験年数にかかわらず現職の幼稚園教員を対象とする研修である。

・幼稚園新規採用教員研修：新規採用の教員を対象に，園内・園外研修をそれぞれ年間10日間程度行なう。内容は，

　①幼稚園の組織と運営などの基礎的素養

②家庭との連携のしかたなどの学級経営

③指導計画の作成などの教育課程

④幼児の発達の理解などの幼児理解　が含まれる。

・教育課程研究協議会：幼稚園の教育課程の編成と実施にともなう問題を扱う。

・保育技術協議会：カウンセリングマインドを生かした保育技術を扱う。

・園長等運営管理協議会：幼稚園の運営・管理に関する専門的な内容を扱う。

　これらは文部科学省と都道府県・都道府県教育委員会の共催で講義や研究協議がなされている。

・全国国公立幼稚園長会，全日本私立幼稚園連合会，全国幼稚園教育研究協議会など幼稚園関係団体による全国，地区ブロック，都道府県ごとの研修。

　保育士も「地方公務員法」で研修がすすめられており，現職の保育士を対象とした研修，初任と中堅の保育士を分けて行なう研修などが各地で行なわれている。

　2002（平成14）年6月に文部科学省「幼稚園教員の資質向上に関する調査研究協力者会議」が報告書「幼稚園教員の資質向上について―みずから学ぶ幼稚園教員のために―」をまとめている。この報告書によると，幼稚園の「現職教員の経験や年齢に応じて，習得すべき知識や技術及び幼稚園の運営能力，抱える課題が異なる」ので，経験年数に応じたきめ細かな研修体制をとることが望ましいとされている。国立・公立の幼稚園教員で教員経験が10年以上の中堅教員には，任命権者が10年経験者研修をすることが義務づけられた。上記の報告書は，この10年経験者研修が私立幼稚園教員には義務づけられていないことをあげ，私立幼稚園教員にも参加の機会を与えることが望ましいとしている。

　また，2007（平成19）年6月の改正教育職員免許法の成立により，2009（平成21）年4月1日から教員免許更新制が導入されることになった。教員免許更新制は，その時どきで教員として必要な資質能力が保持されるように，定期的に最新の知識技能を身につけることを目的としている。2009年4月1日以降に授与された教員免許状には10年間の有効期間が付され，修了確認期限前の2年間に大学などが開設する30時間の免許状更新講習（教育の最新事

情に関する事項，教科指導，生徒指導その他教育の充実に関する事項に関するもの）の受講・修了が必要となった。

　都市化，核家族化，少子化，国際化など子どもや時代の変化にともなう専門的な知識を身につけ，社会や保護者のニーズに応じた高い保育の技術を習得するためには，すべての保育者がみずからの関心とライフステージによって研修を受けられるシステムをつくることが求められている。近年，私立幼稚園に対する研修期間中の代替教員採用経費の補助や，国・公立学校の教員に対する大学院修学休業制度が整えられたが，保育者の学習と研修の機会を保障する条件をより充実させていく必要があるだろう。

(3) 園内研修

　園内研修は，自分の幼稚園や保育所で，園長やベテランの保育者が初任・若手保育者にする場合や，すべての保育者が集まって事例や問題を検討する場合などがある。カンファレンス（事例検討会）は，観察やビデオ・記録をもとに実践を検討し，お互いの子ども観，教育観，教材観を交流させて参加者の専門職としての力量を向上させるものである。園長や主任の役割は，保育者を励まして力量形成を援助することであり，カンファレンスは指導者の助言や援助する力を鍛える場ともなる。

　保育者の指導と助言にあたり，指導者は，①保育の実践や問題を保育者自身に具体的に考えさせる，②子どものエピソードや発達，他の実践例，問題の背景など，自分の経験や視点から保育者に情報を与える，③保育者集団の支援体制をつくる，という３つの方法を用いる（野口ら，2001）。園内研修は，保育者の資質や能力，置かれている状況を理解した指導者や同僚との間で行なわれ，保育者の力量を向上させる効果が高いとされる。一方で，参加者や議論の内容が固定しやすいという問題もあり，外部の専門家や講師を招いたり，他園と合同で行なうなどの工夫が必要である。

4──ジェンダーフリーな職場環境をめざして

(1) ジェンダーとジェンダーフリー

　みなさんは，「ジェンダー」や「ジェンダーフリー」という言葉を聞いたことがあるだろうか。ジェンダーとは，男女の生殖機能など生物的な性（セック

ス）とは異なり，社会的・文化的・歴史的につくられた性別のことを示す概念である。私たちが素朴にいだく「女らしさ」「男らしさ」は，社会的・文化的につくられた性（ジェンダー）を普遍的・固定的なものとみなす認識に基づいている。そのために，「男は仕事，女は家庭」などの性別による固定的な見方や思い込みをしている場合が多い。しかし，女性と男性の生き方・考え方や「男らしさ」「女らしさ」のイメージは，それぞれの社会や文化によってさまざまで，その内容も時代が移れば少しずつ変わっていくものである。

　ジェンダーフリーは，私たちのジェンダーに関する思い込みを見つめ直し，旧来のジェンダーによる差別のある社会の制度や慣習に気づくこと，そして個人の人格や個性を尊重して対等な人間関係をつくり，自分らしさを社会のなかで発揮していくことをめざす考えである。「男女共同参画社会」に向けて行政，民間，学校教育の取り組みがなされるなかで，保育の現場においてもジェンダーフリーな職場づくりを考えることが新しい課題になっているといえるだろう。

（2）ジェンダーの視点から見た保育の職場環境

　学校や園の教師集団のなかで，男女教職員のバランスを見てみよう。「平成30年度学校基本調査」（文部科学省，2018a）によると，本務教員における女性教諭の占める割合は，幼稚園93.5％，幼保連携型認定こども園94.7％，小学校62.2％，中学校43.3％，高等学校（全日制・定時制）32.1％で，学校段階があがるにつれて女性教員の割合が下がっている。女性の管理職（園長・校長）の割合は，幼稚園の60.0％に比べて，中学校6.7％，高等学校8.1％は極端に少ない。では，幼稚園における管理職の男女のバランスはよいといえるだろうか。「平成28年度学校教員統計調査」（文部科学省，2018b）で幼稚園の本務教員の年齢構成を見ると，女性は25歳未満（26.8％）と25〜30歳未満（20.3％）が多く，男性は60歳以上（35.0％）が最も多い。すなわち，本務教員として割合の非常に少ない男性教師の3割強が60歳以上であり，その大部分が管理職であること，実際の保育を担うのは半分近くが30歳未満の女性教員であることがわかる。これまで幼稚園は，女性にとって魅力的な雇用の場でありつづけてきた。それと同時に，母親的なかかわり，情緒的なコミュニケーション，献身的な世話などといった母らしさ・女性らしさの強調により，保育現場への男性の参加が狭められてきたのではないだろうか。

　ジェンダーの視点から教師集団を見たとき，男性の多い管理職を中心とした家父長制的な性格がとらえられてきた。家父長制とは，家族内の人間関係で，男（性）と年長（世代）に権威と規範を集めた権力関係のことを意味する。教師や保育者の人間関係に家父長制的な関係が入ると，「女性は公の場で発言しない」「若い者は遠慮しなければならない」などの意識がつくられてしまう。このような意識による職場の人間関係や男女の性差による職階は，保育者のキャリアの形成とこれを支援する保育者集団のあり方をゆがめてしまうおそれがある。このため，保育者一人ひとりが，職場のジェンダーをめぐる状況をとらえるとともに，自分のジェンダーにかかわる伝統的・固定的な思い込みや偏見（ジェンダーバイアス）を見つめ直すことがたいせつになる。

(3) 保育者集団のジェンダーをとらえ直す

　1999（平成11）年4月に施行された改正「児童福祉法施行令」第13条では，「児童福祉施設において，児童の福祉に従事する者」の名称を「保育士」と改めた。それまでは，女性の職業を表わす「保母」の名称が使われ，男性の保育者には男であることを意味する「保父」の名称が代用されていた。同年に改正された「男女雇用機会均等法」でも，男女で異なる職業名をなくすこととなっている。「保母」「保父」から「保育士」への変更は，女性も男性もさまざまな職業につく「男女共同参画社会」への動きに対応していたといえるだろう。

　一方で，職場や家庭での日常生活では，無意識のうちにジェンダーバイアスによって，男女の社会的地位や役割意識に基づく発言や行動を自分や相手に求めてしまうことがある。では，保育者として男性も女性も自分らしく働くとは，どのようなことなのだろうか。男性の保育者であるA先生の事例から考えてみよう。

事例

　A先生は保育専門学校を卒業後，都市部のB保育所に最初の男性保育者として就職して3年たった。保育所の教職員はA先生以外すべて女性で，50歳代の園長，保育者は40歳代2人，20歳代3人だった。A先生は，学生時代から絵本の魅力を強く感じていて，子どもと主人公の気持ちに共感することを保育のすばらしさと考えていたが，このように考える自分を「男らしくない」と思っていた。また，仕事に慣れてくると，他の保育者から「男だから力仕事は得意でしょう」「男の先生にはダイナミックなあそびをしてほしい」と言われる

ようになったという。

　やがて，A先生は女性の先生から見た「男らしさ」を求められていて，それに自分を近づけようとしていること，保育所では無意識に自分の涙もろさをかくしてがんばっていることに気づく。一方で，物語のこまやかな情感を感じとることも，自分の感情を表現することも，人間としてたいせつなことであって「男らしい」「女らしい」という見方で考えるものではないのではないだろうか，という思いをつのらせていった。

　「（保育者になって）2年目に『ごんぎつね』を読んだとき，ごんがあまりにも哀れで子どもの前で涙ぐんじゃったんですよ。そしたら，Bちゃん，Cちゃんもかわいそうって……。そのとき，涙もろい男の先生も一つの個性としてありかなって」。そのあとで，いっしょにいた女性の新任保育士が「私もこの絵本で泣いちゃったんですよね」とかけてくれた言葉に，素直にうなずくことができたという。A先生の保育が「男らしさ」から「自分らしさ」に向けて一歩踏み出したときだった。

　A先生のはじめの時期と同じように，保育の現場で女性と男性で得意な分野とやるべき仕事を分けて考えられていることはないだろうか。筋肉労働やダイナミックな運動，対外的な交渉，意見のとりまとめなど，身体能力の必要な仕事や指導的な立場は男性，乳児の食事の世話や衛生面の配慮，園内の飾りつけ，お茶を入れるなど，こまやかにケアする仕事や補助的な立場は女性というふうに。このような日常生活のジェンダーバイアスに気づくことは，保育者のあり方をステレオタイプ（固定概念）の「男らしさ」「女らしさ」から解き放ち，「自分らしさ」「その人らしさ」を認め合うことにつながっていく。

　保育者一人ひとりのジェンダーに対する気づきだけでなく，ジェンダーフリーの職場づくりには管理職の役割も重要である。管理職もみずからのジェンダー意識を変えるだけではなく，それぞれの保育者の男女意識の違いをとらえながら，園務分掌や役割分担を改善することが求められる。管理職がジェンダーフリーの視点から保育者・子どもに話をすることも，保育者の自覚をうながし自主的に保育に取り組む意欲を生んでいく。女性も男性も保育の力量と社会的な力をもった存在として対等に協力するという発想から，管理職が保育者の実践と組織を支えることが今後の「新しい園づくり」を導いていくことになるだろう。

　保育者が意図的・自覚的に教えている「顕在的カリキュラム」に対し，無意

識・無自覚のうちに子どもに伝えられている知識・文化・規範を「かくれたカリキュラム」という。保育者自身の女性・男性としての考え方やふるまいや生き方も，気づかないうちに子どもの性別役割に対する見方や「男の子」「女の子」のとらえ方に影響を与えている。保育者は，子どものあこがれを形成するモデルとしての役割も担っている。保育者や管理職がジェンダーバイアスにとらわれずにふるまい，子どもや同僚と人間関係をつくることは，子どもが「自分らしさ」を認めたり，仲間のあり方を尊重したりしていく人的環境を整えることでもある。

2節　幼児教育における保育者の権利

イタリア北部レッジョ・エミリア市の幼児学校は，子どもの対話の場としての空間をつくり，創造的なプロジェクトの実践を生み，保護者と市民の参加によるネットワークを形成して，いま最も国際的な注目を集めている。第二次世界大戦直後からレッジョ・エミリア市の幼児教育を思想と実践でリードしたローリス・マラグッツィ（Malaguzzi, L.）は，みずからの「権利の憲章」において「子どもたちの権利」「親の権利」とともに「教師たちの権利」を唱えた。マラグッツィの「教師たちの権利」は，教職員，教育コーディネーター，学校運営評議会の構成員との開かれた討議をとおして，教育の内容・目的・実践を理解する枠組みを探求する権利である。教師たちが協同できる作業には，教育実践の創造についての内容（教育の方法，環境，研究と観察の計画）と，専門的力量の向上についての内容（教師の自己研修や職員研修）が含まれている。

そこで，幼児教育における保育者の権利として，①よりよい保育実践をつくる権利，②保育の専門性を高める権利，に注目したい。さらに本節では，③保育者の労働環境を整える権利，を加えて保育者の権利について考えていく。

1──よりよい保育実践をつくる権利

「児童の権利に関する条約」（1989年）の第29条「教育の目的」では，教育は子どもの人格，才能，精神的・身体的能力をできる限り発達させること，人権や基本的自由の尊重を育成することをうたっている。子どもにとって豊かな

保育実践をつくるという保育者の権利は，この子どもの権利を保障するものとして必要であり，保育の責任を守るために保障されるべきである。また「幼稚園教育要領」(2017年)の「総則」には，「教師は，幼児との信頼関係を十分に築き，幼児が身近な環境に主体的にかかわり，環境とのかかわり方や意味に気付き，これらを取り込もうとして，試行錯誤したり，考えたりするようになる幼児期の教育における見方・考え方を生かし，幼児と共によりよい教育環境を創造するように努めるものとする」とある。保育者がこのような役割を担うためには，さまざまな法や規定で定められた規準を満たすよう保育環境の整備を求めていくことが考えられる。

　子どもと安定した「信頼関係」を築く一つの要因として，保育者一人あたりの乳幼児数が問題となる。「児童福祉施設の設備及び運営に関する基準」第33条では保育士1人あたりの乳幼児数は，乳児約3人，満1〜3歳未満の幼児約6人，満3〜4歳未満の幼児20人，満4歳児以上30人である。「幼稚園設置基準」では，1学級の幼児数は35人以下を原則とし(第3条)，各学級には少なくとも1人の専任教諭をおくこと(第5条)となっている。さまざまなニーズをもつ子どもにゆきとどいた配慮をするには，適切な保育者の配置とともに，地域の保健所・児童相談所・障害者相談員・教育の専門家と連携のとれる体制をつくることも必要とされる。

　「よりよい教育環境」を整える条件には，人的な環境とともに園の物理的な環境がある。たとえば「幼稚園設置基準」第10条では，「幼稚園には，学級及び幼児数に応じ，教育上及び保健衛生上必要な種類及び数の園具及び教具を備えなければならない」，「園具及び教具は，常に改善し補充しなければならない」と定められている。したがって保育者の権利として，時代や保育の動向に応じて，教育や保健衛生上何が必要かということについて，設置者や園長と意見・情報を十分に交換し，創意工夫をもって園具・教具を用意していくことがあげられる。保育室，遊戯室，運動場，職員室，飲料水施設，便所などの施設や設備についても，その面積，数，使用法などについて保育者は計画的な改善と創意工夫をしていく権利をもつといえる。

　「環境は，そこに生きる人々の理念や倫理，姿勢や文化を映し出す」(マラグッツィ)という。保育者が実践を創造的なものにしていくには，園にさまざま

な社会的・文化的資源と情報を取り込む権利が求められる。たとえば外国籍の子どものいる園では，多文化教育の実践，国際理解にかかわる情報や外国語の知識を取り入れるなどして，子どもの文化的背景を考えた保育をしていくだろう。このような新しい実践を支えるのは，新聞，書籍，インターネットなどのメディアからの情報や地域の人的資源である。教育的な空間として子どもの学びの可能性を開く環境を整えるためには，環境を構成する保育者自身がさまざまな文化・価値・知識にふれられることがたいせつである。

2——保育の専門的力量を高める権利

　保育者の専門的な力量として求められるのは，一人ひとりの幼児を理解して信頼関係を築き，子どもがあそびと学びの経験を得られるような環境をつくり，子どもたちの活動を援助していく力である。これまで保育者の専門性は，ピアノ・造形・リズムあそびなどの指導の技術や，集団をまとめる技術など実技的な面でとらえられることが多かった。近年では，保育者の専門性として，日常の保育場面における状況に応じた柔軟な判断と行動，みずからの保育を反省的にとらえる省察，幼児の育ちの理解に基づいて保育を具体的に考え実践し，創造することなどがあげられている。子どもの興味・関心，身体や情緒の発達，あそび，仲間関係，親子関係，環境などがからみ合うなかで，保育者は子どもとできごとの状況と文脈をとらえながら，保育を実践しつつ，みずからの理解とふるまいの適切さを問い直していく。

　このような専門性に則した力量を形成するためには，保育について学習する権利が，それぞれの保育者に十分に保障されることが不可欠である。保育の実践では，常に子どもや活動の新しい状況が生み出されており，それに従来の理論や技術を当てはめるだけでは十分な対応をとることはむずかしい。保育の経験年数を重ねたとしても，子どもや保育のとらえ方がマンネリ化して画一的になってしまうと，保育者としての成長も停滞してしまう危険性がある。保育者の学ぶ権利は，新たな専門的知識と技術によって子どもの保育の質を高めることと，保育者自身の専門家としての成長を支えることに資するといえる。

　近年，幼児を取り巻く環境の変化に応じて，①３歳児や障害児など特別な教育的ニーズをもつ子どもに応じる専門性，②幼児の健康や医学にかかわる知識，

カウンセリングマインドなど教育相談に応じられる専門性，③学校教育や生涯教育の見通しをもった幼児期の教育の専門性，なども求められている。保育者に求められる専門性も，時代や社会の要請に応じて変化していくものである。それに見合った資質と力量を身につけていくことは，一人ひとりの保育者の新しい実践を支えることになるだろう。

3——保育者の労働環境を整える権利

「少子化社会対策基本法」（2003）は，「病児保育，低年齢児保育，休日保育，夜間保育，延長保育及び一時保育の充実」などの良質な保育サービスが提供されるよう，国および地方公共団体が施策を講ずることを求めている。また，2007（平成19）年に文部科学省・厚生労働省の連携で「放課後子どもプラン」が創設され，放課後や週末などに子どものあそびや生活の場を提供することにおいて，子育て支援にかかる福祉・教育サービスの拡充を図ることがめざされてきた。新たな次世代育成のために2012（平成24）年から「子ども・子育て新システム」がスタートし，多様な保育サービスの提供はその一つの柱になっている。

多様な保育ニーズに対応しつつ保育の質を保っていくためには，保育者の十分な労働環境が用意されなければならない。保育者の待遇として，さきに述べた園児数に対する保育者の配置，週40時間の労働時間，給与，有給休暇などを適正にし，医療保険・労災保険・雇用保険などの保障制度を整えることが考えられる。近年は，保育補助者の活用やICT化等による保育士の業務負担の軽減，処遇改善のためのキャリアアップの促進を図る施策がとられつつある。また，子どもの養育や家族の介護をする者に対する支援措置として，育児休業と介護休業の制度は，上記の理由で仕事を休まざるを得ない保育者の雇用の継続や再就職の促進を図るものである。

 研究課題 ───────────────────────────

1. 学校や幼稚園，保育所，家庭生活，身近な地域の習慣（冠婚葬祭，祭り）で男女によって求められる態度や行動の違いについて，友人と話し合ってみましょう。それらがどのような「男らしさ」「女らしさ」に基づいているかも考えよう。

2．保育者の権利を保障していくためには，どのような職場環境をつくることがたいせつか，いくつかの必要な条件を考えてみよう。

Book 推薦図書

●『成長する教師—教師学への誘い』　浅田匡・生田孝至・藤岡完治（編）　金子書房
●『教師像の再構築』（岩波講座　現代の教育　第6巻）　佐伯胖・黒崎勲・佐藤学・浜田寿美男・藤田英典　岩波書店
●『教師のライフヒストリー—「実践」から「生活」の研究へ』　グッドソン，I. F.／藤井泰・山田浩之（編訳）　晃洋書房

Column 6
これからの保育者に伝えたいこと　Ⅵ
中西寿夫（保育所保育士・臨床発達心理士）

　「センセー，アノネー」「センセー，イッショニアソボー」と保育所のなかにいると常に子どもたちが私のまわりに集まってきます。高校生のころから小さな子どもたちと遊ぶのが好きで「将来は幼稚園か保育園の先生になりたい」というのが私の夢でした。しかし，当時は男性への門戸はほとんど開かれておらず，夢は実現しないものと半ばあきらめていました。保育とはまったく関係のない仕事に追われて忙しい日々を過ごすなか，たまたま目にしたのが「男性保母さん頑張る」という新聞記事でした。その記事のなかに関西で唯一男性を受け入れている専門学校があることを知り，夢は実現へと向かいました。そして，私が「保父さん」とよばれるようになりました。それから30年余が経過しました。

　その間，世界ではどのような保育をしているのかに興味を抱き，図書館やインターネットをとおしていろいろと調べるようになりました。私が海外に強く興味を抱くようになったのは『ベトナムのダーちゃん』（早乙女勝元，童心社）を紹介してくれた小学校の先生の影響があります。ベトナムではどのような保育をしているのか調べてみてもわかりませんでした。「よし，ベトナムへ行って自分の目で確かめてみよう！」と思ったのは1998年の夏でした。

　ベトナムの首都ハノイと近郊の幼稚園（保育所）を多く見てまわって思ったことは，障がいをもった子がほとんどいないことでした。「なんで？」という疑問を抱き，本格的に調査に入ることにしました。そこでわかったことは，障がいをもっている子どもを世間に出したくないと考えている親が多かったことです。幼稚園（保育所）側にも専門的な知識をもった先生がほとんどいません。日本でベトナムの教育を研究している大学の先生にご相談をしたところ，障がいをもった子どものための施設を立ち上げ，国内に広げていくことも必要ではないかという意見をいただき，同じ思いを抱く仲間と共に2005年にベトナム南部のビンズォン省社会局の協力を得てNPOによる「障害児者職業訓練学校」を開校しました。そして，現在は幼児教育学部のあるベトナムの大学と関係をもつようになり，男性が幼稚園（保育所）で働くことについて，交流を続けています。

　このように自分の子どものころからの関心（異文化への関心）が現在の仕事（保育）と結びつき，結果として現状の改善につなげることができたことを，とてもうれしく思うと同時に今後も末長く続けていきたいと思います。

第7章
自己変革ができる
保育者・園の課題

　「さあ，私たちの子どもらに生きようではないか！」という標語を掲げて幼稚園教育を行なったのはフレーベルである。成長できる保育者，自己変革できる保育者は，常に子どもから学ぶ姿勢を忘れていない。同じように自己変革できる幼稚園や保育所・認定こども園は常に新しい課題に向き合って明日の保育を考えている。

　本章では，この自己変革が可能な保育者たちはどのように育っていくのか，さらに幼稚園や保育所・認定こども園の自主的な変革はどのように進んでいくのか，その課題について考えてみたい。

　さらに，将来の保育実践の場において生じるであろう問題に対して，それをより前向きにとらえていくための研修や研究の方法についても考察していきたい。

　保育者になろうとしている学生時代の学びというのは，子どもの観点から保育を学ぶという，保育者としての根っこ，土台を形成する重要な時期である。ぜひとも自覚的な学びを期待したい。

1節 保育の学びは子どもから始まる──学びへの渇望

　学びをともにした若き保育者から，手紙が届く。「年長組みの担任になり，日々目まぐるしいです。1年ごとに担任を変えるという園の方針で，昨年度の年中組みの子どもたちをそのまま持ち上がることは叶いませんでしたが，でもそばでみんなの成長を見守ることができ，よかったと思っています。卒園式では絶対に泣いてしまいます!!　やはりこの仕事でよかったと，幸せを感じています」と。子どもとともに生きる充実した日々が手紙の行間からあふれ，「保育の学びが実ってよかったね」としみじみ思う。

　みなさんもいよいよ，保育者となるために学び，これからよりよい保育をめざす保育者としての学びが始まることだろう。本章では，保育者の学びという点について，じっくり考えてみよう。

　近年の動向として，教員免許更新制の導入や，児童福祉法の改正，幼稚園教育要領の改訂，保育所保育指針の改定で，保育の質的向上，保育の専門性という面がますます強く打ち出されるようになった。従来から，保育者としての学びの必要性や保育の質的向上の方法については随時考えられてきたが，実質的な施策を含むものとして示されるようになったのが特徴的である。その保育の質的向上の柱に「保育者の学び」が位置づけられたことが興味深い。保育の質的向上は，保育者の学びによってこそ実現すると考えられている。教員免許更新制の導入では，更新制の目的は，「その時々で求められる教員として必要な資質能力が保持されるよう，定期的に最新の知識技能を身につけること」とされ，30時間以上の教員免許状更新講習の受講・修了が義務づけられている。また，2001（平成13）年の児童福祉法の改正では，第48条の2第2項に「保育所に勤務する保育士は，乳児，幼児等の保育に関する相談に応じ，及び助言を行うために必要な知識及び技能の修得，維持及び向上に努めなければならない」という項が加えられ，子育て支援にかかわるためのさらなる保育士の資質の向上が求められている。新保育所保育指針でも，改定の重要な5つのポイントの一つとして，職員がその専門性をさらに向上させるための機会として，研修機会の充実が位置づけられることになった。職員の資質向上をめざす第5章の冒頭では，「第1章（総則）から前章（保護者に対する支援）までに示され

た事項を踏まえ，保育所は，質の高い保育を展開するため，絶えず，一人一人の職員についての資質向上及び職員全体の専門性の向上を図るよう努めなければならない」と述べ，そのうえで職員の研修等の位置づけについて言及している。このように保育者となってからはよりいっそうの学びを求められるが，しかし何ごともはじめが肝心。まずは，保育者になるための学び，つまり学生時代の学びの意義について再確認しておく必要があるだろう。

1──学生時代の学びの意義：保育者の根をつくる学び

　保育者となるための学び。つまり学生時代の学びは，保育者としての「根」をつくる学びである。その「根」をつくる原点には何があるのだろう。保育は，「子ども」に始まり「子ども」に帰するということを十分に理解することではないだろうか。子どもを理解する学びのはじまりとして，津守真は「子ども学は子どもとは別のところでつくられた理論の応用ではない。子どもとふれるところにつくられる知恵である。子どもについての研究だけではない。子どもとかかわる自分自身のあり方の研究もふくまれる。子どもを成長させるだけではない。自分自身も成長するような子どもとのかかわりを研究するのである。はじまりは，子ども学という実体の出発点ではない。子どもとかかわる人の心に，それぞれなりの子ども学がはじまる。子どもとふれることから，人間について考えることがはじまるのである」（津守，1997），と述べている。この「子ども」について学ぶための見識は，そのまま保育の学びを考えるうえで，示唆に富む言葉であろう。保育の学びはさまざまな視点からなされるが，究極的には「子ども」に始まって「子ども」に帰するものである。そこに保育者としての，ひいては人間としての自分がどう挑んでいくのか。保育者を志して，保育の学びに入るとき，すでにそれぞれの心のなかにそれぞれの「子ども」が意識されているはずである。

　4月当初，新入学の学生に，「なぜ，保育者になる勉強の道を選んだのか？」とよく問うのであるが，その大方は「子どもがかわいいから」「子どもが好きだから」「保育者は，子どものころからの夢だったから」「高校時代，保育所でボランティアをして，そのときにとても楽しかったから」という素朴な答えが返ってくる。ここ10年くらいでは，「子どもとなら，うまくやっていけるか

ら」「子どもは大人と違って，純粋だから」など日ごろの人間関係の不器用さ
が，子どもへと心を向かわせているのではないか，と思われる発言を耳にする
ことも多い。いずれにしても，子どもと生活する自分の世界に，あるユートピ
アをイメージしている姿が浮かびあがる。

　保育は，子どもを愛することが原点であることは言うまでもない。しかし，
保育者となる限り，たんに子どもが好き，子どもがかわいいといった次元にと
どまってはいられないのである。より深く，真の意味で，子どもを愛すること
ができるようにならなければならない。そのために，子どもについて学び，そ
の子どもと向き合う自分を育てるために学ぶ——というのが学生時代の学びで
あろう。

　学生時代の勉強は，保育者養成のカリキュラムにそって展開されていく。保
育者養成のカリキュラムは，保育現場の実践者を養成することが目的とされる
カリキュラムで，保育理論と実践の統合をめざしたものである。現在では，さ
きの「子ども」に始まり「子ども」に帰するという観点から，子どもとの生活
を実際に体験しながら学ぶ，保育・教育実習での実践的な学びが重視される傾
向にあり，保育の理論と技術の融合が，学生の学びにおいても図られるよう，
工夫がなされている。また，インターンシップ制の導入やボランティアの単位
化なども図られるようになってきており，時間を有効に使って実践的な学びに
積極的に参加することで，保育の学びの机上の空論化を脱却するという姿勢は，
歓迎すべきことであろう。

　そうはいっても，保育者になるための学びは多岐にわたり，大きな構成をも
つもので，学生時代にその全容を把握することは，ほとんど不可能なことに違
いない。つまり，学生にとっては，全体像がつかめないままの学びとなり，机
上の空論的な現実もないわけではない。そこで，学生は自分が学んでいること
の原点を見失うこともあるだろう。「なぜ，いま自分はこの科目をこうして学
んでいるのか」を自分に問い返すことや，「この学びが，どこへつながってい
くのか」その見通しと意識化が必要であろう。学生時代の不勉強は，往々にし
てこのような学びの必然性への意識の欠如に起因する。また，学生時代の学び
には，時間的空間的にも限りがあり，基礎を学ぶのに精一杯というのが現実で
ある。「学ぶ」ということを，現在学生であるみなさんは，どれくらい楽しん

でいるだろうか。時として，こんなはずではなかったという苦しさのほうが勝ってしまうことがあるのではないだろうか。単位修得のみに励む自分の姿に，虚しさを感じることがあるかもしれない。

「学校で勉強した子どもとは実際は全然違って，教育実習では振り回されどおしだった」「学校でやったことなんて，現場に出てしまえば何の役にも立たない」という声をよく耳にする。これは一面での真実であるが，しかし学校で学んでいればこその気づきであり，何を学んでいるかの学びの質の違いを認識することがたいせつなのである。つまり保育は子どもに即対応していくものでありながら，そこには先達の築き上げた保育理論をしっかり理解しておく必要があるのである。子どもの生活はさまざまに変容していくものであり，根無し草の保育にならないために，真髄の価値観はしっかりもっていなければならない。つまりは，「保育者としての根」をである。

まど・みちおの「根」という詩がある。

　　根
　　　ない

　　　今が今　これらの草や木を
　　　草として
　　　木として
　　　こんなに栄えさせてくれている
　　　その肝心なものの姿が
　　　どうして　ないのだろう
　　　と　気がつくこともできないほどに
　　　あっけらかんと

　　　こんなにして消えているのか
　　　人間の視界からは
　　　いつも肝心かなめなものが　　　　　　（まど・みちお　1993　『いいけしき』より）

　この詩が詠うように，その人をその人らしく立たせるものの根は見えない。保育者を保育者として立たせる根も，おそらく見えるものではないだろう。しかし，見えなくてもそこに根はたしかに存在する。ただ，学生時代にはやした根は，あまりにもか細く短い。やっと，保育者として立つことができるだけの根である。その根は太くしっかり育てなければならない。そこで，保育者とな

ってからも，さらなる学びが求められるのである。

　学生時代の学びに，もう一つの意義をみたいと思う。それは，「学ぶための学び方を学ぶ」ということである。つまり，学ぶとはどういうことか，学ぶということへの意欲，学ぶことの楽しさ，どのようにすれば学べるのかなど，学ぶことそのものについてのレッスンである。学ぶための学びは，学生時代にこそ培っておくべきものだろう。また，「3節　みずからの保育・園の活動の見直し」のところで詳しく述べるが，保育者になってからの学びには，そのはじめに「保育士の自己評価」が求められるということもある。自己評価とはどのようなもので，どのようなあり方をするものなか，それも学生時代に学んでおくべき重要なことの一つだろう。自分をふり返る，その的確な方法を知ること。自己評価とはむやみに自己批判をして，落ち込むことを意味しないことなどを学んでおく必要があるのである。これも，根を太く育てる秘訣の一つである。

　では，いよいよ保育者となっての学びについて考えよう。

2──保育者としての成長への学び：学びたいと思ったそのときから

　根は，太く，地中深くまでしっかり伸びた，長い根に育てなければ，たくさんの枝も，豊かな緑の葉も，美しい花も，甘い実もつけることができない。子どもたちがともに十分あそび憩える大きな木に，保育者はなりたい。

　そこで，保育者になってからこそが，保育者として成長していく学びの始まりとなるのである。根に水をやり，肥料をやるのは保育者自身よりほかにはない。その木，その木が必要とする水があり，肥料があるからである。保育者は，それぞれがそれぞれに違う木に成長していかなければならない。学生時代のような同じ水，同じ肥料を与えてもらう時代は過ぎ去るのである。保育者は，その園のその子どもたちの間に根を下ろす。現実に向かい合う子どもに寄り添って，保育にチャレンジしていく。ここからが，自分の保育，自分にしかできない保育をつくり上げていく学びの時となる。これは，自分が自分であることの証の学びともなり，自分を育てる学びともなるものである。津守（1997）は，保育者の地平として次のように語っている。

　　保育の実践の場で，人生の子ども時代にある者と，壮年期にある者とが出会う。そこには，個人の生涯だけでなく，社会の歴史，教育と福祉の歴史の全体，過去と未来とが含ま

れている。異質な文化背景の子ども，障害をもつ子ども，すべての子どもが含まれている。人間を育てることにおいてかわりはない。保育者の意識の地平は垂直にも水平にも遥か遠くにまで及んでいる。保育は職業としてあるだけでなく，人間の存在をかけた行為である。

保育が，人間の存在をかけた行為であるなら，それは保育者となったあなた自身の存在をかけた行為となるものである。だからこそ，あなたは新しく学び始める。

学生時代と保育者の学びが大きく違うのは，そこに子どもがいて，その子どもたちとともに学ぶことにある。個々の問題から発するリアルな学びとなっていくはずである。学ぶことの必要があって，学びが生まれる。これぞ，真の意味での学びではないだろうか。

保育者は，日々の保育のなかでさまざまな問題に直面していく。子どもの発達や一人ひとりの子どもの特性への理解，子どものあそびの理解一つにしても，昨日より今日，今日より明日へと深まっていきたい自分を感じるはずである。新しい知識や技術を身につけようと思わずにはいられない。子どもと生活するとはそういうものである。保育者となってからの学びは，学生時代とは異なり，幅の広い学びを心がける必要があるだろう。なぜなら，その学びがその人を魅力ある保育者へと育てていくからである。高杉（1998）は，長い経験のなかから「保育者の魅力は，その人自身の生き方そのものなのだ，と私は多くの保育者と保育の出会いから学んだ」と述べている。その人自身の生き方は，その人の日々の学びにかかっているといっても過言ではないだろう。保育者はなぜ学び続けるのか。それは，人が「育ち」「育てる」という営みのさきに，子どもの幸福がみえるからだろう。

❷節　さまざまな学習の機会との出会い

『ぐるんぱのようちえん』（西内みなみ作／堀内誠一絵，1966）という絵本がある。

ぐるんぱは，ひとりぼっちで暮らしてきたさびしい象で，大きくなっても働きもせず，汚くてめそめそしているので，象の会議で働きに出される。ところが，ビスケット屋に行っても，皿作りに行っても，靴屋，ピアノ工場，自動車

工場に勤めても失敗ばかりで，すぐにお払い箱になってしまう。大きくて高す
ぎるのでだれも買わないビスケット，池みたいな皿，だれも履けない大きな靴，
ちょっとやそっと叩いても音の出ないピアノ，前が見えなくてだれも運転でき
ない大きなスポーツカー，と何の役にも立たないものばかり作ってしまう。一
所懸命なのに失敗ばかりでしょんぼりしていると，12人の子どもをもつお母
さんに子どものあそび相手をたのまれる。張り切るぐるんぱ。持っているもの
全部をフル回転して，幼稚園をひらく。ピアノを弾いて歌い，お腹がすけばビ
スケットを食べ，お皿のプールで泳ぎ，靴でかくれんぼあそび。たくさんの子
どもが集まってきて，ぐるんぱの幼稚園は大人気。——という話である。お荷
物に見えたものが，幼稚園という子どもの生活空間を構成する環境では，すべ
てが楽しく生きてくる。

　これを読んだとき，まさに幼稚園とは，こうしたさまざまな経験の集積のう
えにこそ成り立つものであることを思う。すべての経験が，子どもと遊ぶとい
うことで，生きてくる世界。それが保育の世界といえるだろう。つまり，こう
見ていくとき，学ぶという範囲も非常に幅広いものが考えられ，それらがたく
みに環境として生かされていく世界が，保育の世界なのである。個性化を求め
る現代の風潮からすると，何か一つのことに秀でることがその人の個性として
評価される傾向にあるが，保育はそうした「一つのことさえできれば，あとは
どうでもよい」といったことからは，ほど遠いものなのではないだろうか。保
育者に求められるのは，多視点からみることができる均衡のとれたバランス感
覚である。したがって，保育のことを学ぶのだから，保育に関連した学びをと
直線的に考えやすいが，さまざまな学びのなかにこそ，保育の可能性は秘めら
れている。ガーデニング，料理，染色，織物，ジャズダンス，ペットの飼育，
パソコンなど，一見保育とは何の関係もないように見えても，自分を育てる学
びであればそれらはそれぞれに，保育の世界に生かしていくことが可能である。
広く教養を身につける，つまりバランスのとれた学びは，一方向からではなく，
多視点からアプローチされるべきだろう。

1——手近なところから学びを始めるには

　まず手近な学びの手段として考えられるのは，書物や雑誌の類であろうか。

書店で，教育・保育関係の棚をあたれば保育関係の図書は山ほど目にすることができる。どれを読んだらいいか，迷うことも多いに違いない。新聞などで話題になった本には，ぜひ手を伸ばしたい。また，絵本や子どもの読み物，紙芝居，視聴覚教材に広範な目配りをするためにも，公共図書館の利用をすすめよう。さきの『ぐるんぱのようちえん』の例ではないが，子どもの読み物にも保育や人生を考えるうえで，深い内容を秘めているものが多い。いまは，インターネットの時代で，スマートフォンが一つあれば何でも情報が手に入ると考えられているが，じっくり取り組む必要のある情報の確保には，保育関係の書籍や雑誌も有効である。保育雑誌には「How To」的知識に終始するものもめだつが，保育のアイデアを頂戴するという発想ではなく手にとってほしいものである。

2——保育者となってからの学びでは

保育者になると，現職保育者の再教育ということで研修の機会が設けられる。保育実践しながら学ぶのであれば，この研修の機会をおおいに活用することが有益である。研修の方法としては，講義，演習，質疑応答，研究発表，グループ討議，ワークショップ，事例検討，読書会，共同研究などがある。研修は大きくは，幼稚園や保育所のなかで行なわれる園内研修と，幼稚園や保育所の外で行なわれる園外研修に分けられるが，いずれも保育者の資質向上や保育内容の充実がめざされている。保育はキャリアによって求めるもの，求められるものが違ってくるものであり，これに対応するため，教育経験に応じた研修（新任・若手保育者，中堅保育者，管理職等対象者別研修）が広く行なわれる。保育所保育指針改定にともない，職務内容に応じた専門性の向上を図るため，研修機会を充実させることが重要であるとして，「保育士等のキャリアアップ研修ガイドライン」（厚生労働省，2017）も示されている。研修分野には，「専門分野別研修」「マネジメント研修」「保育実践研修」などがあり，「専門別分野研修」では①乳児保育，②幼児教育，③障害児保育，④食育・アレルギー対応，⑤保健衛生・安全対策，⑥保護者支援・子育て支援の6分野に分かれ，1分野15時間以上の研修を受けることとなっている。職員の資質向上に研修は欠かせない重要なものと位置づけられたことがわかる。研修は，それぞれめざ

すものによってその内容，形態はバラエティに富んでいる。

　また近年，保育の研究は実践とともにあるといった視点から，実践研究がさかんになってきた。それにともない，保育カンファレンスもさかんに行なわれている。そこで，「研修」のみならず「保育研究」も幼稚園や保育所内で園内研究として展開されるようになってきた。園長（所長）をはじめ，同じ園の職員が協力して取り組む保育に関する研究ということで，保育者の知的好奇心や，真理を求める知的探究心に支えられる形で展開していく研究，ということになる。

　研修にしても，研究にしても保育者が主体的に参加してこそ，はじめて成果が期待できるものである。機会を有効に活用していくために，日ごろの保育者どうしの開かれた関係づくりを，必須のものとして心がけたい。

　園全体で取り組む研修や研究はぜひとも必要と考えられるが，絶対的な保育時間の長い保育所では，全保育者が動くこのような機会を捻出していくことはたいへんなことである。そうした機会がつくりにくいところでは，保育者は自己啓発支援としての自主的研修を行なう。この自主的研修は個々人の意志によって参加するもので，意欲，費用，時間とも自分の裁量で捻出し，研修先を自分で選定する。たとえば自閉症児について学びたいと考え小児科医の話を聞きに行くなど，自分の必要に応じて研修を受けることができ，成果のあがる研修となる。

　研修ということではなく，自分たちの問題意識にそった勉強を少人数でじっくりしたいと考えるならば，研究会，学習サークルがおすすめである。保育の実践事例を持ち寄ったり，文献を読み合ったりするフットワークの軽い勉強会である。大きな研修会と違って，参加する一人ひとりが自分の意志によって参加していることから，意見も言いやすく，参加者全員が問題を共有できるなど，問題への理解が深まりやすい。できれば，舵取りをしてくれるよい指導者がいることが理想だが，何よりも参加するメンバーの情熱が，学ぶ楽しさを実感させてくれる。

3——学校や通信教育等の機会を利用する学び

　リカレント教育・リフレッシュ教育という言葉を耳にしたことはないだろう

か。学校教育終了後，いったん社会に出た職業人を対象に考えられる教育で，日本では職業から離れてフルタイムで行なわれる再教育，職業に就きながらパートタイムで行なわれる教育も含むものと解釈されている。学校教育と社会教育とを循環的にシステム化することが課題で，社会人の再教育に貢献するものと考えられる。

　保育は日々深められていくものであることから，学校時代の勉強で十分とはとうてい考えられない。保育者養成校でもその現状はよく認識している。そこで，現役保育者を対象に，保育講座やセミナーのような形でのリカレント教育が進められている。形態はさまざまで，保育関係者，福祉関係者，保育・福祉系学科の学生，子育て支援に関心のある一般市民のいずれでも参加が可能といったアバウトな対象の講座から，保育リーダーを養成するという保育関係の専門家に対象を絞り込んだ講座，自分の保育実践をもち寄って進めていく保育実践の交流セミナーなど選択肢を広げて開講しているところもある。

　資格のグレードアップや学生時代の学びへのリフレッシュを求めるなら，大学や保育者養成にかかわる専門学校の公開講座や大学の通信教育課程での学びの機会を活用することも一考に値する。

　通信教育は，仕事や家庭の事情に合わせて自分のペースで学習計画を立て，学習に励むというのが特色で，学びたいと思う人々に学習の機会を広く提供している。近年の傾向として，人は生涯学び続けるものであるという，生涯学習の考え方が定着してきたことや，企業が提供するカルチャーセンター等が学ぶ機会として人気を博したこともあって，4年制大学の通信教育課程でも必ずしも卒業資格を求めてという一点張りのニーズではなくなってきている。教員養成課程をもつ大学の通信教育では，単位の補充で資格のグレードアップが可能なことから，これをめざして学びにくる人がふえている。多忙な日常に埋没する日々から，日常とは異次元の学生時代の緊張感を再体験して，自分の刺激にしたいと考える保育者も多いようである。

　大学によっては，通信教育に限らず夜間に講座を開いて，現職の教員も受講できるようにカリキュラムを構成しているところがある。大学院教育も，社会人の学ぶ意欲を大きく評価し，社会人へ向けて開講するところがある。こうした動きに応じて，社会人をターゲットとした夜間講座の大学院も出現している。

開かれた大学のこうした機会を活用して，教育職員免許状の「二種」を「一種」へ，「一種」を「専修」へとグレードアップしていくことも可能になっている。

受講者たちは資格だけの問題ではなく，新しい保育動向にふれるとともに，学生時代には不十分だった学びを補充していこうとする意欲で，日常から離れた学生としての学びに，新鮮さを感じるという。また，保育研究や新保育理論の構築など，保育動向は日進月歩で進展しており，そうした情報にふれることも意義あることであろう。

また，単位の修得とは別に，子どもの教育にかかわる研究所や企業などが，学校形式で多様な講座やセミナーを開いている。その多くは，コース別に学習カリキュラムが組まれ，自分の興味に応じてコースを選択できるようになっている。子どもの発達への理論的な学びから，実際に工作を作ってみるといった実践まで，幅広い構成となっていて，自分の保育に欠けているものを補充していくということでは，効果が期待できるかもしれない。連続講座は単発的な講演等とは違った積み重ねが意図されており，同じ講座で学んだ仲間との交流も刺激になるだろう。

資格のグレードアップを直接的に必要としない保育士も，自身の保育技量のグレードアップは常に望むことであり，自分の学習計画で学びを進められるこうした機会を一考してみる価値はあるだろう。

4——教員免許状更新講習

2007（平成19）年の「教育職員免許法」の改正によって，2009（平成21）年から教員免許更新制が導入され，2年間で30時間以上の免許状更新講習の受講・修了が義務づけられた。それを受けて，教員養成をしている大学，専門学校では，各校が工夫を凝らした講習内容をもつ講座が開かれる。10年ごとのこうした更新講習を積極的に生かして，学ぶチャンスとすることも可能だろう。

このように，学習する機会は多種多様に展開されている。その情報をどう活用し，どう成果に結びつけていくか。まずは，より自分に合った学習方法を探し出すことが先決だろう。保育者となってからの学びは学生時代の学びと違って，与えられるものではなく，みずからが求めて踏み出すものであり，そこに

こそ尊い第一歩が刻まれるのであり，その学びの成果は大きい。

3節 みずからの保育・園の活動の見直し

1——みずからの保育を見直す必要性（保育の自己評価）

　保育の質的向上を求める新しい動きのなかで，学びとしての「自己研鑽」が一つのキーワードになるが，その自己研鑽に先立ち「自己評価」の視点が明確な形で導入されている。新保育所保育指針でも，「第5章　職員の資質向上」の「1　職員の資質向上に関する基本的事項」に，保育所職員の自己評価，保育所の自己評価を位置づけている。

　まず，保育者自身が自分の保育をふり返り，見直すことで，自己の保育を評価し，そのうえに立ってさらなる高みの保育をめざそうということである。保育の自己評価は必然で，時として公表も求められるが，この自己評価を自己批判と混同しないことが重要である。保育をふり返ることは，子どもが変容する姿をとらえてふり返ることであり，それはより深く子どもを理解するために不可欠であろう。自己評価は，保育の資質向上を念頭に，明日の保育をめざすためのものであることを心にとどめておこう。改善点へは柔軟に対処し，よい点は積極的に評価し，さらなる充実を求めて進むという明るい評価をイメージしたい。では，それをふまえて保育者の保育への自己評価から考えていこう。

（1）日々の保育への自己評価

　「子どもの気持ちを，十分にくみ取ることができたのだろうか？」「今日のあそびは，あまり発展しなかったけれど，何が原因だろうか？」そんなことから，「今日は，最高にうまくいった」「次から次から，子どもたちにアイデアが生まれて，計画していたことなんか吹っ飛んでしまった。ほんと，子どもってすごい！」と，おもわずニンマリすることまで，その日の自分の保育をふり返るという行為は，一日の保育を終わった保育者の心をごく自然に駆け抜けていく。

　日々の生活は，そうして過ぎ去っていくのだが，「はたして自分の保育はどういう方向に向かっているのか？」「子どもに寄り添って保育ができているか？」「自分の子ども理解は深まっているのか？」という問いにはこれだけで

は答えられない。日々の保育のふり返りは断片にすぎず，容易に多忙な日常に埋没していく。日々の保育の積み重ねが，自分の保育をつくっていることは言うまでもない。これを系統づけてとらえ，省察していくなかでしか，自分の保育は現在どうあるのかを把握することはできない。津守（1997）は「一日，保育の現場に出ることは，一冊の本を読むようなものだ。理解しながら読むこともできるし，わけの分からぬまま読みとばすこともある」と述べている。この理解したこと，読みとばしたことを自分のなかで意識化しておく必要が，さきの問いに答えるためには重要になる。

　それには，日々の保育を記録するという試みが必要である。吉村（1981）は保育を記録することについて，「保育記録を書くというのは，追体験ではないでしょうか。書く前に思い出し，反すうしてみることが必要なのです。これは，頭のなかでもう一度保育をするようなものです。なおいいことには，反すうしているうちにいいものと悪いもの，必要なものと必要でないものがえりわけられ，整理されることです」と述べている。こうして，整理されてはじめて，自分の保育が見えてくる。距離と時間をおいて自分の保育を客観視する姿勢が，新たな気づきをもたらすことになるのである。その日は読みとばしていたことも，こうして記録されることによって，思わぬところで意味が表出し，理解できるようになるということがよくある。また，自分が立てた保育の計画が，子どもとの共同作業の間で，妥当性がどれほどあったかなどについても，こうした記録は時間をおくとさらによく見える形となって語ってくれる。

　常に自分の保育を問い返していく試み，自分の保育への省察が，次の新しい保育を生み出す糧となっていくのである。

(2) 自分の保育を深く知るために
―他の保育者の目をとおして，自分の保育を見直す

　自分の保育を見直すとき，何がその基準になるか。もちろん自分の保育観なり，子ども観によってそれを成していくことは言うまでもない。その価値観に照らして，自分の保育にも評価が加えられていくわけであるが，その際の自己の基準は絶対であろうか。必要以上に自己嫌悪に陥ったり，また自己満足に終始したりすることはないであろうか。日々の自分の保育を，記録することや省察していくことで，十分にふり返って見通しを立てていったとしても，自分で

見ている限り，ものの見方，考え方には限界があり，自分が陥っている癖のような傾向に気づいていないことさえある。自分で自分の保育を見つめているだけでは，向上していかないことも知るべきである。保育を向上させていくためには，異なった発想にふれる必要がある。

　そこで，他の保育者にはどう見えているか。他の保育者であるならばどう解釈するかという視点も必要となってくる。自分の保育を開くことで，自分の気づかなかった死角がはっきりしてくることがある。

　角田（1998）の事例研究「Aと私のかかわり―記録を振り返って―」は端的にそのことを示してくれている。

　　A（女児）が入園してきてしばらくの間，私はAの言動を理解しづらく，「苦手な子ども」意識が働いていたように思う。それが2年の年月をかけて少しずつ変化していった。当時の記録を振り返ると，私の一方的な思い込みや理解の仕方が目立つ。2年間をまとめて初めて，渦中にいた時には分からずにいたAの行動の意味や，私の思いが見えてくる。

　こうして2年間の記録をもとに事例をあげながら自分の保育をふり返る。彼女とAとのやりとりが，目に見えるように立ち上がってくるレポートであったが，まとめるにあたって，彼女はこう述べていた。

　　このレポートを作成するにあたり，研究会でAと私の関係について発表する機会を与えられた。その際，考察の部分について，「言い切ることにより，理解したことにしているのではないか」と指摘された。理解したことにして，自分を納得させようとしているというのである。この指摘によって，レポートを書き直したのだが，やり直して初めてその意味が分かったような気がする。……また，子どもの姿を，私の考える発達論にむりやり当てはめようとしていたことも指摘された。……「柔軟な発想」「多面的なとらえ方」とは，記録する時だけではなく，人とかかわる時点で必要な姿勢なのだと気づいた。

　そして，研究会で助言をもらうことによって，自分の「子どもを見る時の癖」に出会ったと述懐していた。保育を開き，助言を仰ぐことで，保育者自身の洞察が引き出され，気づきとして心に刻まれるとき，それは深い理解となって保育者を成長させていく。

　また，第三者によるビデオ記録による保育のふり返りも，最近よく行なわれる方法である。その場のできごとを選択眼なしに写し取るビデオ記録は，新たな気づきをもたらしてくれる。保育者仲間と視聴することで，いろいろ意見を

言ってもらう有効性もあるが，保育者自身がビデオに写る保育を第三者となって評価していくことも可能であり，そのような方法もまたおもしろい。

2──園全体の活動を見直すには

(1) 公開保育・園内研究に積極的に取り組む

　園の保育の質的向上は，まず保育者たちが保育のおもしろさを十全に感じ，生きがい，やりがいとして心に刻む充実感に支えられて成し遂げられていくものであろうが，さらなる園としての保育の向上をめざすならば，保育者たちの成長とともに，自園の保育を世に問う必要がある。

　公開保育や，園内研究の成果を発表すること等をとおして，他園との交流をさかんにする必要があろう。園内研究もむずかしいものではなく，園長をはじめ同じ園の職員が一体となって取り組む保育の研究のことで，保育者が自分の保育を深め，視野を広げ，新たな気づきを得ていくものである。多忙な毎日にあって，こうした時間も労力も必要とされる組織的な取り組みには消極的になりがちであるが，園の保育の問題を明確化できたり，保育者が問題意識を共有できたり，また協力することから生まれる保育者間の連帯には意味がある。また，外部からの専門家の意見を聞くことで，園内だけでは得られなかった刺激を得られるなど，新しい保育に寄与できることも多い。

　保育者に自己評価が求められたように，園にも自己評価が求められている。自園の保育について，常にふり返り，見直し，評価する姿勢が求められ，その評価は保護者や地域等に向けて公表されることもまた望まれている。保育は常にオープンであり，たくさんの目をとおしてよりよい保育を育てていこうと考えられているのである。

(2) 園の保育を地域に開く──地域の存在としての幼稚園・保育所

　保育を地域に開いていくことも重要なことである。現在，文庫や図書館活動のなかから，絵本の読み聞かせやストーリーテリングのボランティアがさかんになってきているが，こうした人々との出会いや，昔のあそびをよく知っている地域の老人たちとの交流など，さまざまな人との出会いを園内で積極的に経験するのもその一例である。

　また，保育室を広く地域に求めることも，子どもを地域の一員として育てる

観点から考慮されてよいのではないだろうか。たとえば，地域の公共図書館と連携を深め，児童図書室へ出かけていく。他の公共施設との連携も随時模索する価値があるだろう。町を歩きながら自分の町を知っていく。自然の多い公園へ出かけていって，園内では経験できない経験をするなど，子どもの育つ環境へのまなざしを広く地域に開いて考えていくことも，重要ではないだろうか。

　また，園は，園の保護者への集まりの場の確保や相談の体制をつくり，未就園児の親子の集まる場所を確保するなど，子育て支援の充実を進め，幼児期の教育センターとしての役割を果たすことも求められている。地域へのオープンな姿勢を協力してつくり上げていくことがたいせつであろう。

(3) 園の保育を向上させる秘訣は―教員間の信頼関係とチームワーク

　問題意識をもって保育をしていく保育者には，常に疑問があり，そして気づきや発見があり，その気づきや発見をとおして感動を経験していくことになる。日常の気づきを雑談にとどめず，その感動をみんなに伝え，疑問はみんなに相談していくという姿勢をとおして，保育者間に絆が生まれれば，自然と自分の園の保育を創造していく力となる。この力が大きいのである。

　保育をオープンにすることが求められるなかには，保育者がストレスにさらされる可能性も無視できない。そのためにも保育者たちが信頼と相互理解の絆で結ばれ，孤独な保育に陥らないよう保育者間のチームワークをよくしていくことが不可欠である。1本の矢は折れても，3本の矢は折れない。

　保育者は，保育の経験を重ねながら，絶えず成長し続けていくものである。その経験に応じて，異なった役割も担っていく。初任者の段階，若手保育者の指導的役割を担う中堅の段階，園全体を率いて指導力を発揮していく管理職の段階，というようにそれぞれ段階に応じて果たしていく役割も違ってくる。その意味での成長も保育者には欠かせない。自分の役割が十全に果たせるところでこそ，保育者間の信頼関係も充実したものになるからである。

　保育の仕事は子どもの成長発達をうながす輝かしい仕事であると同時に，保育者自身も人間的成長を期待できる優れた仕事なのである。津守（1997）の「保育は職業としてあるだけでなく，人間の存在をかけた行為である」という言葉は，保育者が何度かみしめてもよい言葉なのではないだろうか。

4節. 自己変革を求め続けて

　本書は全体をとおして，自己変革を求め続ける保育者像を描くことを編集の柱としてきた。そこで最後に，編者である筆者自身の経験の紹介と，それからまったく違った職種の方の「成長観」をここに紹介したい。実は自己変革，成長ということはけっして若いみなさんにだけに求められることではなく，将来の保育者と向き合っている私たち教師にとっても，そして他のどんな仕事においても普遍的な課題である。きっと互いに学び合うことができるのではないだろうか。

1──教師としての経験から

　筆者はこれまで教員養成系の課程で，長年，幼・小の教員養成という仕事に携わってきた。いま，新任のころを思い出してみると，なかなか思うように授業ができなかったこと，実習での具体的な指導にとまどったこと，あるいは実習園への配慮を怠って迷惑をかけたことなど，いまでも冷や汗をかきそうな場面が思い出される。

　講義では授業計画が十分に練られていないと支離滅裂な状態に陥る。かといって「完璧」な指導案で臨んだ授業が必ずしもうまくいくとは限らない。それに縛られたり，つい力が入りすぎてしまって空回りするということが起こりがちである。また，人前で話すことの緊張や焦りが加わると混乱はますます大きくなる。さらにいま思えばもう一つ大きな問題があった。それは何よりも，目の前の学生たちがいまどのような経験や学習水準にあり，いったい何を求めているのか，その状況やニーズをほとんどつかまないまま授業をしていたことである。自分のことで精一杯であり，相手のことを思う余裕がほとんどなかったのである。

　また，実習指導での問題点としては，筆者自身が保育実践の経験をもっていないことに大きなハンディを感じた。あそびについての具体的な指導，保育を改善するための工夫や試み，保育者が抱える問題や悩みなどについて，実感をともなった生きた言葉で学生たちに語ることができなかったのである。経験不足ということは，学生を指導する自信をも失わせていた。

　これらの課題に対して，自分なりにいろいろなことを試みた。講義内容に関する文献研究はもちろんのこと，授業の前にはロールプレイをくり返し，鏡の前で笑顔をつくり，そのイメージをもって教室に入る。講義への意見や感想，疑問を書いてもらい，次の時間は必ずそれに答える。教壇，教卓にへばりついたまま授業をするのでなく，できるだけ半歩前，一歩前，そして学生たちの中まで入り込んで対話を試みる。講義終了後は，反省と同時にもう一度同じ授業をするならば次はどうするかを考えて授業案に赤を入れる。

　日常的に保育実践の場にもできるだけ足を運ぶようにした。機会を設けては外国の保育施設を見学したり，またそれぞれの国の子育て支援のようすを学んだりもした。さらに，大学内の施設を幼児とその親へ開放し，親子あそびの場を学生たちとともに運営しながら，毎週身近に子どもたちや親たちとふれあう事業も開始した。そこでは保健師や歯科衛生士，小児科医といった大学内だけではなかなか出会うことのなかった人々と知り合うことができた。

　また，いろいろな場面をとおして学生たちと話し合い，目の前にいる学生たちは一人ひとりがいままさに多感な青年期をいろいろな形で生きているということを知らされた。さらに，卒業生からは卒業後（就職後），彼らが直面している具体的な問題を教えてもらい，そのことを見通しながら大学での学習課題を提起していくべき必要を学んだ。

　まだまだ不十分ではあるものの，筆者としてはこのようなことの積み重ねをとおして授業の改善を試み，学生とのコミュニケーションを図り，社会的な人のネットワークを広げ，そして教師としての自信を少しずつもつことができたように思う。

2 ——ある落語家の成長観より

　ある新聞の「人生相談」に，30歳になる男性から「仕事で失敗ばかりしているがどうしたらよいか」という相談が寄せられた。この相談に対して林家とんでん平という落語家が回答している。彼は相談者に対して，そもそも仕事というものをどう思っているのか，甘えてはいないか，何も努力せずにのうのうと寝てはいないかを問いただし，なによりも失敗をくり返さないような努力が必要だとして，落語家としての経験とアドバイスを次のように述べる。

　私たち落語家は，前座として寄席へ仕事に入ると，まず200人以上の師匠や目上の人の事を頭の中にたたき込みます。誰がどんな履物を履いて来たかを覚え，お帰りになる時にはそれを見えない所で磨いてお出しする。濃いお茶を好むのか薄いお茶を好むのか，またどんな銘柄のたばこを吸うのか。着物も誰よりも早くたたみます。

　その場の空気から，何をすべきかをいち早く察し，そんな仕事の奪い合いに勝つことで，自分を印象付けて生き残るのです。とっさの判断力と仕事に対する厳しさはここで培われます。

　では，今のあなたに何が必要でしょうか。まず今日一日の問題点すべてをメモしましょう。問題や失敗から次の成功の糸口が見つかります。どこが反省点だったかを見つけ出し，今後この得意先や上司に対して何が必要かなどを，毎日欠かさずチェックすることです。その積み重ねが失敗を減らし，自信につながるでしょう。私たちは今の仕事で生かされています。そのための準備を怠ってはいけません。責任を持って胸を張って仕事に挑みましょう。
　　　　　　　　　　　　　　（「北海道新聞」2002年11月8日夕刊　「生活」欄）

　人を笑わせ楽しませることが落語家の仕事。しかし，その舞台上に見る姿からは想像もできないような厳しい仕事への姿勢がここからうかがえる。そして，ここで述べられていることは私たち教師，保育者にも大いに通じる部分があるように思われる。

　ちなみに「私たち落語家は」に始まるこの一文を，「私たち保育者は」に置きかえてその後を続けてみたらどうだろう。目の前にいる何十人という子どもたちの一人ひとりの特性や発達課題をしっかりととらえ，その子に応じた保育をすること。その場ごとの瞬間に応じた最も適切な行動が常に求められること。そして最後の段落については「得意先や上司」の部分を「子どもたちや親，同僚」とでも書きかえればそのまま私たちが応用できることであろう。

　また，ここではふれられてはいないが，技を盗み（習い），多量の文献を読むことも落語家の仕事であり，これもまた保育の世界と共通する。まさにこのようなことこそ自己変革を果たしていく重要なポイントであると考える。

　保育者は人生という点では子どもたちの先輩である。だが，人間という点では保育者も子どもも同じである。人間に対する信頼や共感，ともに生きることの喜びを，人生の先輩としてぜひ子どもたちに伝えていきたい。

　ともに人間として成長し続けることを目ざしていこうではないか。

研究課題

1. 津守真の「子ども学のはじまり」の文は何を語ろうとしているのか。あなたのいままでの保育についての学びの経験から、あなた自身の解釈を試みてみよう。
2. 保育に関する学会や研究会の情報を集めてみよう。身近で開催される研究会や学習会に参加してみよう。
3. 自分が勤める幼稚園・保育所全体の保育を向上させていくために、保育者としてあなたはどのようなことに留意していく必要があるのかを考えてみよう。

 推薦図書

●『講座　幼児の生活と教育』（1〜5巻）　岡本夏木・高橋恵子・藤永保（編）　岩波書店
●『幼児教育へのいざない―円熟した保育者になるために』　佐伯胖　東京大学出版会
●『絵本の匂い，保育の味』　吉村真理子　小学館
●『子どものエスノグラフィー入門―技法の基礎から活用まで』　柴山真琴　新曜社

Column 7
これからの保育者に伝えたいこと　Ⅶ
杉澤廣治（元保育所園長）

　学生のみなさん，みなさんは，「子どもの権利条約」を知っていますか。

　「子どもの権利条約」は，54条から成り，子どもをたんに保護するだけでなく，子どもも大人と同じように，すべての子どもの人格と人権を保障するというものです。

　「子どもの権利条約」には，「子どもの基本的人権」「福祉」「教育」「文化」「医療」「労働」「保護」「司法」という権利への総合的な観点が明記され保障されています。「子どもの権利条約」に署名した批准国は，これを法律として守らなければならない義務が生じます。私たちが，「子どもの権利条約」をよく学ぶことで子どもは権利行使の主体者であることがよく理解されます。「子どもの権利条約」は，1989年11月20日国連採択され，日本の批准は1994年に行なわれ世界で158番目の批准国になっています。

　最近，気になっていることがあります。それは，保育者をめざす専門学校生などに「子どもの権利条約」のことを尋ねる機会がありますが，ほとんどの学生は正確に理解していません。将来，保育現場に立って子どもの表明権などを代弁する役割を第一に果たすのが保育者とするならば，学生の「子どもの権利条約」に対する無関心はたいへん気がかりです。

　しかし，この問題は，たんに学生だけの責任問題ではありません。条約では，条約広報義務として次のように述べています。「第42条　締約国は，適当かつ積極的な方法でこの条約の原則及び規定を成人及び児童のいずれにも広く知らせることを約束する」とされていますが，わが国の「子どもの権利条約」への国民広報義務は，もっと積極的であるべきです。とくに，日本の青少年が学校ではもちろん，広く教育の場で「子どもの権利条約」について，知識理解を深める具体的な指針を，国がしっかりともつべきです。

　最近，カナダの大学の先生からお聞きしたのですが，カナダの小学校・中学校では，「子どもの権利条約」が国連で採択された日を記念して，さまざまな形態でそれぞれの学年で記念授業が行なわれるそうです。子どもを主人公にした取り組みが印象的です。

　みなさん，21世紀は子どもの世紀といわれています。「子どもの権利条約」をわが物にして，（もう1枚の修了証書を手にして）保育現場に立ちましょう。

引用（参考）文献

■1章
灰谷健次郎　1981　だれもしらない　あかね書房

【参考文献】
笠間浩幸　2001　〈砂場〉と子ども　東洋館出版社
カーソン，R.／青樹築一（訳）　1974　沈黙の春　新潮文庫
カーソン，R.／上遠恵子（訳）　1991　センス・オブ・ワンダー　佑学社（絶版）
グタール，M.／OMEP日本委員会（訳）　1988　平和の種を育てよう　建帛社

■2章
青木一・小川利夫・斎藤浩志・山住正己・大槻健・柿沼肇・鈴木秀一（編）　1988　現代教育学事典　労働旬報社　Pp.302-303.
深谷昌志　1996　子どもの生活史　黎明書房　Pp.263-276.
柏女霊峰（監）全国保育士会（編）　2004　全国保育士会倫理綱領ガイドブック　全国社会福祉協議会
木下法也・宮地誠哉（編）　1981　教育原理　酒井書店　Pp.17-18.
国立社会保障・人口問題研究所（編）　2019　人口の動向　日本と世界—人口統計資料集—　2019　厚生統計協会　p.119.
厚生労働省　2017　保育所保育指針
厚生労働省雇用均等・児童家庭局　2002　児童福祉施設における福祉サービスの第三者評価事業の指針について（通知）　http://www.ipss.go.jp/publication/j/shiryou/no.13/data/shiryou/syakaifukushi/919.pdf（2019年12月5日閲覧）
倉橋惣三　1976　育ての心（上）　フレーベル館　p.45.
黒崎政男　1998　となりのアンドロイド　NHK出版
文部科学省　2017　幼稚園教育要領
文部科学省中央教育審議会　2007　次代を担う自立した青少年の育成に向けて　http://www.mext.go.jp/b_menu/shingi/chukyo/chukyo0/toushin/07020115.htm（2019年12月5日閲覧）
文部科学省中央教育審議会　2016　幼稚園、小学校、中学校、高等学校及び特別支援学校の学習指導要領等の改善及び必要な方策等について（答申）　http://www.mext.go.jp/b_menu/shingi/chukyo/chukyo0/toushin/__icsFiles/afieldfile/2017/01/10/1380902_0.pdf（2019年12月5日閲覧）
森上史朗・岸井慶子（編）　2001　保育者論の探求　ミネルヴァ書房　Pp.122-128.
なだいなだ　1993　親子って何だろう　筑摩書房　p.30.
内閣府子ども・子育て本部　2018　「平成29年教育・保育施設等における事故報告集計」の公表及び事故防止対策について　https://www8.cao.go.jp/shoushi/shinseido/outline/pdf/h29-jiko_taisaku.pdf（2019年12月5日閲覧）
中村季代　1991　保母の園児虐待—ママたすけて！—　駒草出版
NHK放送文化研究所　2012　「中学生・高校生の生活と意識調査・2012」について　https://www.nhk.or.jp/bunken/summary/yoron/social/pdf/121228.pdf（2019年12月5日閲覧）
小田豊・森眞理（編著）　2001　保育者論　光生館
岡田正章・網野武博・大戸美也子・小林美実・萩原元昭・千羽喜代子・上田礼子・大場幸夫・中村悦子（編）　1997　現代保育用語事典　フレーベル館　Pp.394-395.
柴崎正行（監修・著）　1999　保育者の新たな役割　小学館
民秋言（編著）　2000　保育者論　建帛社　p.160.

【参考文献】
堂本暁子（編）　1981　ベビーホテルに関する総合調査報告　晩聲社
月刊『指導計画』編集部（編）　1998　お母さんとの保育者同士のおつきあいQ＆A　チャイルド本社
浜崎幸夫　2001　縁側の子育て　ブレーン出版
柏女霊峰（監）　独立行政法人国立病院機構全国保育士協議会倫理綱領ガイドブック作成委員会（編）　2010　医療現場の保育士と障がい児者の生活支援　生活書院

文部科学省　2002　平成13年版文部科学白書　Pp.22-25.

中村季代　1995　子どもたちの悲痛な叫び―知られざる「保育現場」の惨状―　恒友出版

中村季代　1997　保母の子ども虐待―虐待保母が子どもの心的外傷を生む―　鹿砦社

大豆生田啓友・三谷大紀（編）　2019　最新保育資料集2019　ミネルヴァ書房

塩野谷斉　2000　集団保育施設の現状と機能　鯵坂二夫（監）上野恭裕（編）　新保育方法論　保育出版社　Pp.55-66.

塩野谷斉　2001　保育とは何か　谷田貝公昭・岡本美智子（編）　保育原理　一藝社　Pp. 9 -18.

塩野谷斉　2001　待機児問題と保育の質　全国保育問題研究協議会編集委員会（編）　季刊保育問題研究192号　新読書社　Pp.46-57.

土山牧羔（監）　土山忠子・山本和美（編）　2000　新版現代保育原理　第 2 版　幼児教育総論　建帛社

全国保育団体連絡会・保育研究所（編）　2019　保育白書2019年版　ひとなる書房

■3章

現代と保育編集部　1990　現代と保育24号　一読者からの手紙　ひとなる書房

本田和子　1977　保育学の進歩　第 9 章　保育文化学　フレーベル館　Pp.218-226.

Isaacs, S.　1929　*The Nursery Years*, Routledge and Kegan Paul, p.11.

笠間浩幸　2001　〈砂場〉と子ども　東洋館出版社

加藤繁美　1993　保育実践の教育学　第 4 章　ひとなる書房（現在の書名は『保育者と子どものいい関係』）

厚生労働省　2008　保育所保育指針

厚生労働省　2017　保育所保育指針（告示）

Liebschner, J. A.　1992　*A Child's Work : Freedom and Play in Froebel's Educational Theory and Practices,* The Lutterworth Press, p.55.

文部科学省　2008　幼稚園教育要領

文部科学省　2017　幼稚園教育要領（告示）

文部科学省　2018　幼稚園教育要領解説　フレーベル館

文部科学省　2018　Society5.0に向けた人材育成―社会が変わる，学びが変わる―（概要Ⅰ）

内閣府　2017　幼保連携型認定こども園教育・保育要領（告示）

高杉自子・河野重男（編）　1989　新しい幼稚園教育要領とその展開　4 章　幼稚園教育の構造と内容　チャイルド社

【参考文献】

天野優子　1995　3 歳児は人生のはじまり　ひとなる書房

今井和子　1990　自我の育ちと探索活動　ひとなる書房

加藤繁美　1997　子どもの自分づくりと保育の構造　ひとなる書房

厚生労働省　2018　保育所保育指針解説　フレーベル館

厚生労働省子ども家庭局保育課　2019　保育をめぐる動向と取組　令和元年度全国保育士養成協議会　総会資料

茂木俊彦　1995　新・障害児教育入門―気になる行動・障害をどう理解するか―　労働旬報社

茂木俊彦・近藤直子・白石正久・中村尚子・池添素　2006　障害者自立支援法と子どもの療育増補版　全国障害者問題研究会出版部

文部省　1999　幼稚園教育要領解説　フレーベル館

無藤隆・汐見稔幸・砂山史子　2017　ここがポイント3法令　ガイドブック　フレーベル館

内閣府　2018　幼保連携型認定こども園教育・保育要領解説　フレーベル館

日本子どもを守る（編）　2001年版子ども白書―子ども市民と創る21世紀―　草土文化

西谷裕（監修）　森川祐一郎・今村元　2001　医療福祉関係法規［改訂版］　嵯峨野書院

庄司洋子・松原康男・山縣文治　2002　家族・児童福祉［改訂版］　有斐閣

白石正久・棚橋啓一・池添素・井上美子　1992　はじめての障害児保育　かもがわ出版

土山牧羊（監）土山忠子・山本和美（編著）　2000　新版現代保育原理　第 2 版　建帛社

渡部昭男　1995　障害児の就学・進学ガイドブック　青木書店

Wing, L.　1996　*The Autistic Spectrum,* London : Constable and Company Ltd.　久保紘章・佐々木正美・清水康夫

（監訳）　1998　自閉症スペクトル―親と専門家のためのガイドブック―　東京書籍
幼児教育課（編）　2002　初等教育資料No.758　平成14年8月号　文部科学省教育課程課
全国保育団体連絡会・保育研究所（編）　2019　保育白書　ちいさいなかま社

■4章

泉千勢　2000　諸外国の実情から，今の日本の子育てと保育の在り方を考える　保育学研究，38（2），184-191.
柏木惠子　2001　子どもという価値―少子化時代の女性の心理―中公新書
厚生労働省　2009　子ども虐待対応の手引き（平成21年3月31日改正版）　https://www.mhlw.go.jp/bunya/ kodomo/dv36/dl/02.pdf
厚生労働省子ども家庭局　2017　平成28年度全国ひとり親世帯等調査結果報告　https://www.mhlw.go.jp/stf/ seisakunitsuite/bunya/0000188147.html（2019年12月5日閲覧）
厚生労働省雇用均等・児童家庭局　2018　女性労働の分析2017年―女性活躍推進法に基づく取り組み状況―　21世紀職業財団
三菱UFJリサーチ&コンサルティング　2015　出産・育児等を機に離職した女性の再就職等に係る調査研究事業（平成26年度厚生労働省委託調査）　企業アンケート調査結果　https://www.mhlw.go.jp/bunya/ koyoukintou/h26_itakuchousa.html（2019年12月5日閲覧）
内閣府　2019　令和元年版　少子化社会対策白書　https://www8.cao.go.jp/shoushi/shoushika/whitepaper/ measures/w-2019/r01pdfhonpen/r01honpen.html（2019年12月5日閲覧）
内閣府男女共同参画局　2019　令和元年版男女共同参画白書　http://www.gender.go.jp/about_danjo/ whitepaper/r01/zentai/index.html（2019年12月5日閲覧）
小倉一春　1978　看護学大事典　メヂカルフレンド社　p.838.
佐々木正美　2001　子どもの心が見える本　子育て協会
白波瀬佐和子　2002　ヨーロッパにおける家族政策―育児支援策から見た福祉国家のありかた―　国立社会保障・人口問題研究所（編）　少子社会の子育て支援　東京大学出版会　Pp.47-72.
総務省統計局　2017　平成27年国勢調査　https://www.stat.go.jp/data/kokusei/2015/kekka.html（2019年12月5日閲覧）
総務省統計局　2017　平成28年社会生活基本調査　https://www.stat.go.jp/data/shakai/2016/kekka.html（2019年12月5日閲覧）
総務省統計局　2018　平成29年就業構造基本調査結果　https://www.stat.go.jp/data/shugyou/2017/index2.html（2019年12月5日閲覧）
山野良一　2008　子どもの最貧国日本　光文社

【参考文献】
ベイトマン，N./西尾祐吾（監訳）　1998　アドボカシーの理論と実際　八千代出版
キャノン，J.W./三沢直子（監修）　幾島幸子（訳）　2002　完璧な親なんていない！　ひとなる書房
藤藪貴治・尾藤廣喜　2008　生活保護「ヤミの北九州方式」を斬す　あけび書房
金子書房（編）　2008　児童心理―特集：男の子問題―　3月号　金子書房
内閣府　2012　子ども・子育て白書　勝美印刷
西尾祐吾・清水隆則（編著）　2000　社会福祉実践とアドボカシー　中央法規　Pp.4-6.
汐見稔幸　2000　親子ストレス　平凡社
棚橋昌子・白石淑江　1997　親と子のメンタルヘルス　中央法規出版
寺久保光良　1988　「福祉」が人を殺すとき　あけび書房
植田章　2001　はじめての子育て支援　かもがわ出版
湯浅誠　2008　反貧困　岩波書店
（財）ハウジングアンドコミュニティ財団　2008　第15回「住まいとコミュニティ活動助成」報告書（平成19年度）　住まいづくり・まちづくりNPO活動レポート　Pp.30-34.

■5章
Cooper, S. J.／砂川真澄（訳）　1995　「ノー」をいえる子どもに―CAP／子どもが暴力から自分を守るための教育プログラム―　童話館出版
福田志津江　2001　子育てに悩む親　福田志津江（編著）　これからの児童福祉　第3版　ミネルヴァ書房　Pp.14-18.
小出まみ　1999　地域から生まれる支えあいの子育て　ひとなる書房
日本総合研究所　2006　平成17年度文部科学省委託調査　「地域の教育力に関する実態調査」報告
西澤哲　1997　子どものトラウマ　講談社現代新書
奥山眞紀子　1997　子どもの虐待を発見するために　奥山眞紀子・浅井春夫（編）　保育者・教師のための子ども虐待防止マニュアル　ひとなる書房　Pp.45-63.
讃岐信孝　2000　保育のつどいから一時保育へ　全国保育団体連絡会・保育研究所（編）　保育白書2000年版　草土文化　Pp.21-23.
ささやななえ・椎名篤子　1995　凍りついた瞳（め）　集英社
筒井孝司　2011　日本の社会的養護施設入所児童における被虐待経験の実態　厚生の指標，58(15)，26-33.
吉葉研司　2002　乳幼児虐待―質の高い乳児保育実践から虐待防止の手がかりを探る―　日本子どもを守る会（編）　子ども白書2002年版　草土文化　Pp.140-141.

【参考文献】
浅井春夫　1997　保育所・幼稚園・学校での対応　奥山眞紀子・浅井春夫（編）　保育者・教師のための子ども虐待防止マニュアル　ひとなる書房　Pp.66-81.
ボガホールド，B.／安藤由紀（訳）　1999　とにかくさけんでにげるんだ―わるい人から身をまもる本―　岩崎書店
福川須美　2002　子育て支援と保育士の専門性　全国保育団体連絡会・保育研究所（編）　保育白書2002年版　草土文化　Pp.54-62.
柏木惠子・宮下孝広・古澤賴雄　2005　新版　発達心理学への招待―人間発達をひも解く30の扉―　ミネルヴァ書房
近藤ようこ　1990　HORIZON BLUE　青林堂
中川伸子　1993　人との交わり―自己主張―　祐宗省三（編著）　教育心理学　北大路書房　Pp.41-58.
日本弁護士連合会子どもの権利委員会（編）　2001　子どもの虐待防止・法的実務マニュアル　改訂版　明石書店
奥山眞紀子　1997　子どもへの虐待とは　奥山眞紀子・浅井春夫（編）　保育者・教師のための子ども虐待防止マニュアル　ひとなる書房　Pp.14-25.
大分県福祉保健部こども子育て支援課　2012　教職員・保育従事者のための児童虐待対応の手引き　https://www.pref.oita.jp/uploaded/life/269071_303057_misc.pdf（2019年12月24日閲覧）
ささやななえ・椎名篤子　1996　続・凍りついた瞳―被虐待児からの手紙―　集英社
椎名篤子（編）　1995　凍りついた瞳が見つめるもの―被虐待児からのメッセージ―　集英社
鈴木佐喜子　2001　保育所における保育と子育て支援　全国保育団体連絡会・保育研究所（編）　保育白書2001年版　草土文化　Pp.24-32.
渡辺好恵　1997　性的虐待とは　奥山眞紀子・浅井春夫（編）　保育者・教師のための子ども虐待防止マニュアル　ひとなる書房　Pp.26-32.

■6章
岩川直樹　1994　教職におけるメンタリング　稲垣忠彦・久冨善之（編）　日本の教師文化　東京大学出版会
厚生省　2002　特別保育事業の実施について　厚生労働省児童家庭局長通知
文部科学省　2003　幼稚園教員の資質向上について―自ら学ぶ幼稚園教員のために―　幼稚園教員の資質向上に関する調査協力者会議報告書
文部科学省　2018a　学校基本調査　平成30年度結果の概要　http://www.mext.go.jp/b_menu/toukei/chousa01/kihon/kekka/k_detail/1407849.htm（2019年12月5日閲覧）
文部科学省　2018b　学校教員統計調査　平成28年度（確定値）結果の概要　http://www.mext.go.jp/b_menu/toukei/chousa01/kyouin/kekka/k_detail/1395309.htm（2019年12月5日閲覧）

野口隆子・安見克夫・秋田喜代美　2001　職員会議におけるメンタリング―"気になる子"をめぐる語りの分析― 日本保育学会第54回大会研究論文集
大阪教育文化センター教師の多忙化調査研究会（編）　1996　教師の多忙化とバーンアウト―子ども・親との新しい関係づくりをめざして― 法政出版

【参考文献】
男女平等教育研究会　1999　男女平等教育に関する学習ガイドブック―ジェンダーフリーな教育環境づくりのために― 男女平等教育研究会
広岡守穂（編）　2002　男女共同参画社会と学校教育　教育開発研究所
文部科学省　2002　幼児教育の充実に向けて　幼児教育の振興に関する調査研究協力者会合報告
レッジョ・チルドレン　2001　子どもたちの100の言葉　イタリア／レッジョ・エミリア市の幼児教育実践記録　学習研究社
ショーン，D.A.／佐藤学・秋田喜代美（訳）　2001　専門家の知恵　ゆみる出版

■7章

厚生労働省　2017　保育士等キャリアアップ研修ガイドライン　https://www.mhlw.go.jp/file/06-Seisakujouhou-11900000-Koyoukintoujidoukateikyoku/tuuti.pdf（2019年12月5日閲覧）
まど・みちお　1993　根　いいけしき　まど・みちお少年詩集　フォア文庫　理論社
西内みなみ（作）　堀内誠一（絵）　1966　ぐるんぱのようちえん　福音館書店
高杉自子　1998　保育者との出会いから学ぶ　森上史朗（編）　幼児教育への招待―いま子どもと保育が面白い― ミネルヴァ書房
津守真　1997　保育者の地平―私的体験から普遍に向けて― ミネルヴァ書房
角田たつみ　1998　Aと私のかかわり―記録を振り返って― 保育の実践と研究，**3**(2)，34-49.
吉村真理子　1981　保育実践の創造―保育とはあなたがつくるもの― ささら書房

【参考文献】
河邉貴子・望月威征　1998　＜対談＞園内研究を楽しく進めるために　保育の実践と研究，3(2)，17-28.
厚生労働省　2017　保育所保育指針（告示）
厚生労働省　2018　保育所保育指針解説　フレーベル館
文部科学省　2017　幼稚園教育要領（告示）
文部科学省　2018　幼稚園教育要領解説　フレーベル館
森上史朗（編）　1981　私の実践的保育論　チャイルド本社
森上史朗（編）　1998　幼児教育への招待―いま子どもと保育が面白い― ミネルヴァ書房
無藤隆・増田時枝・松井愛奈（編）　2006　保育の実践・原理・内容―写真でよみとく保育― ミネルヴァ書房
中村柾子　1997　絵本はともだち　福音館書店
中坪史典　2018　保育を語り合う「協働型」園内研修のすすめ　中央法規
岡本夏木・高橋恵子・藤永保（編）　1994　講座　幼児の生活と教育　1～5巻　岩波書店
小川博久（編著）　1988　保育実践に学ぶ　建帛社
小川博久　2000　保育援助論　（株）生活ジャーナル
佐伯胖　2001　幼児教育へのいざない―円熟した保育者になるために― 東京大学出版会
高杉自子　1985　魅力ある保育者たち　ひかりのくに
津守真　1979　子ども学のはじまり　フレーベル館
津守真・本田和子・松井とし・浜口順子（共著）　1999　人間現象としての保育研究［増補版］　光生館
吉村真理子　1998　絵本の匂い，保育の味　小学館

索 引

執筆者一覧

■**編集委員**——民秋　言（白梅学園大学名誉教授）

小田　豊（聖徳大学）

栃尾　勲

無藤　隆（白梅学園大学）

矢藤誠慈郎（和洋女子大学）

■**編　　者**——福元真由美・笠間浩幸・柏原栄子

【**執筆者**(執筆順)】

柏原　栄子（編者）	序章，第3章2・3節
滝澤　真毅（帯広大谷短期大学）	第1章1節，第3章4節，第5章2・3節
笠間　浩幸（編者）	第1章2節，第3章1節，第7章4節
請川　滋大（日本女子大学）	第2章1節，第5章1節
塩野谷　斉（鳥取大学）	第2章2〜4節
刑部　育子（お茶の水女子大学）	第4章1節
武藤　篤訓（聖ヶ丘教育福祉専門学校）	第4章2・3節
中村　孝博（札幌市立きくいもとまち幼稚園）	第4章4節
吉葉　研司（名古屋学芸大学）	第4章5節
福元真由美（編者）	第6章
石井　光恵（日本女子大学）	第7章1〜3節
鈴木喜三夫（演出家・札幌在住）	Column 1
木村　　仁（札幌トモエ幼稚園）	Column 2
堀口　貞子（堀口クリニック）	Column 3
大場　信一（社会福祉法人 北翔会）	Column 4
岡田　　哲（旭ヶ丘保育園）	Column 5
中西　寿夫（東大阪市立友井保育所）	Column 6
杉澤　廣治	Column 7

編者紹介

福元真由美（ふくもと・まゆみ）
　　　1970年　東京都に生まれる
　　　2000年　東京大学大学院教育学研究科博士課程単位取得退学
　　　現　在　東京学芸大学総合教育科学系准教授
〈主　著〉保育学とは　問いと成り立ち（共著）　東京大学出版会　2016年
　　　　　はじめての子ども教育原理（共著）　有斐閣　2017年
　　　　　新訂 事例で学ぶ保育内容 領域「環境」（共著）　萌文書林　2018年
　　　　　都市に誕生した保育の系譜—アソシエーショニズムと郊外のユートピア—　世織
　　　　　書房　2019年

笠間浩幸（かさま・ひろゆき）
　　　1958年　宮城県に生まれる
　　　1985年　大阪教育大学大学院教育学研究科修士課程修了
　　　　　　　北海道教育大学教育学部釧路校助教授を経て
　　　現　在　同志社女子大学現代社会学部現代こども学科教授
〈主　著〉子どもと環境（共著）　東京書籍　1994年
　　　　　教師の〈体験〉活動（共著）　東洋館出版社　1998年
　　　　　Education, Social Justice and Inter-agency Working.（共著）　Routledge　2001年
　　　　　〈砂場〉と子ども　東洋館出版社　2001年
　　　　　Gender in Japanese Preschool（共著）　Hampton Press　2004年

柏原栄子（かしはら・えいこ）
　　　1953年　東京都に生まれる
　　　1978年　聖和大学大学院教育学研究科幼児教育専攻修了
　　　現　在　大阪人間科学大学人間科学部子ども保育学科特任教授
〈主　著〉「やる気」ではじまる子育て論（共著）　北大路書房　1993年
　　　　　保育内容総論（共著）　建帛社　2000年
　　　　　家族・育み・ケアリング—家族論へのアプローチ—（共著）　北樹出版　2000年
　　　　　子どもの育ちと人とのかかわり（共著）　宣協社　2000年
　　　　　新　現代保育原理（編著）　建帛社　2018年

新 保育ライブラリ　保育・福祉を知る

保育者論［第3版］

2020年 3 月10日　初版第 1 刷印刷

2020年 3 月20日　初版第 1 刷発行

定価はカバーに表示
してあります。

編　著　者	福　元　真由美
	笠　間　浩　幸
	柏　原　栄　子
発　行　所	㈱北大路書房

〒603-8303　京都市北区紫野十二坊町12-8
電　話　(075) 4 3 1 - 0 3 6 1㈹
ＦＡＸ　(075) 4 3 1 - 9 3 9 3
振　替　0 1 0 5 0 - 4 - 2 0 8 3

Ⓒ2020　　　　　　　　　　　印刷・製本／創栄図書印刷㈱

新 保育ライブラリ

子どもを知る／保育の内容・方法を知る／保育・福祉を知る／保育の現場を知る

■編集委員■　民秋　言・小田　豊・栃尾　勲・無藤　隆・矢藤誠慈郎
A5 判・160 ～ 200 頁・本体価格 1800 ～ 2000 円

平成 29 年告示「幼稚園教育要領」「保育所保育指針」「幼保連携型認定こども園教育・保育要領」対応

保育・福祉を知る
子ども家庭福祉
植木信一　編著
A5 判・196 頁・本体価格 1800 円

子どもや家庭の福祉に関する動向
を踏まえ，最新の情報を提供。保
育者養成への活用はもとより保育
者として活躍されている方にも。

子どもの幸せと成長に資するため
の保育者としてのあり方や，時代
と共に変わる保育の実態にも機敏
に対応できる専門性を考える。

保育・福祉を知る
保育者論 [第 3 版]
福元真由美・笠間浩幸・柏原栄子　編著
A5 判・200 頁・本体価格 1800 円

保育の現場を知る
保育所実習 [新版]
民秋　言・安藤和彦・米谷光弘・
中西利恵・大森弘子　編著
A5 判・160 頁・本体価格 1800 円

認定こども園，SNS の扱い方，保
小連携等の項目を追加。指導案例
や確認のポイントなどを新規に収
録。内容が一層充実した改訂版。

認定こども園，子育て支援，幼少
連携，障がいをもつ子どもとの関
わり等を追加。Q&A で学生の疑
問を解決する好評書の改訂版。

保育の現場を知る
幼稚園実習 [新版]
民秋　言・安藤和彦・米谷光弘・上月素子・
大森弘子　編著
A5 判・176 頁・本体価格 1800 円

2020 年春から順次発刊！

子どもを知る
子どもの食と栄養 [新版]
二見大介　編著

保育・福祉を知る
社会的養護 I
宮﨑正宇・大月和彦・櫻井慶一　編著